Indice

Questa guida è suddivisa in quattro parti:

Itinerario consigliato per la visita di St Paul

St Paul è ben più di un grande centro religioso e di una gemma architettonica. In quanto cattedrale della capitale del Regno Unito, è il centro spirituale della nazione.

È qui che vengono celebrati, pianti o commemorati persone ed eventi di particolare importanza per il paese. A St Paul hanno avuto luogo matrimoni reali, funerali di stato e cerimonie di ringraziamento, mentre centinaia di monumenti funebri della chiesa offrono un tributo alla memoria di famosi statisti, soldati, artisti, dottori e scrittori, e ricordano il prezioso contributo alla vita della nazione di uomini e donne comuni.

L'edificio attuale fu costruito tra il 1675 e il 1710, dopo la distruzione del precedente in un incendio. Si tratta della quinta cattedrale eretta sul colle che domina l'antica City di Londra, per ricordare a questo centro del commercio la dimensione spirituale dell'esistenza.

È questo il messaggio che intendevano sottolineare i cinque successivi monarchi sotto i quali fu edificata la cattedrale. Quali capi supremi della Chiesa Anglicana volevano che la chiesa principale della capitale fosse bella ed imponente quanto i loro palazzi.

Nel corso dei secoli la cattedrale è cambiata, riflettendo mutamenti di gusti e di atteggiamenti. Elementi decorativi sono stati aggiunti e rimossi, le funzioni sono state aggiornate, varie parti sono state utilizzate in modi nuovi.

È rimasta sempre, però, una chiesa attiva e animata, in cui hanno pregato milioni di persone di tutto il mondo. È il simbolo vivente della città e della nazione a cui presta il proprio servizio, ed un monumento duraturo alla gloria di Dio.

B La cupola e l'altare maggiore visti dall'entrata principale

La navata centrale

La navata centrale è la lunga parte centrale della cattedrale che porta alla cupola. Si tratta di uno spazio pubblico, utilizzato per cerimonie, ideato per accogliere assemblee numerose.

• Il grande portale principale è alto nove metri e viene oggi utilizzato solo in occasione di cerimonie particolari.

• Ci sono tre cappelle in questa parte della cattedrale: quella dei Morti e quella di S. Dunstan nella navata sinistra, e quella dell'Ordine dei SS. Michele e Giorgio nella navata destra.

Per ulteriori informazioni si vedano le pagine 20~23

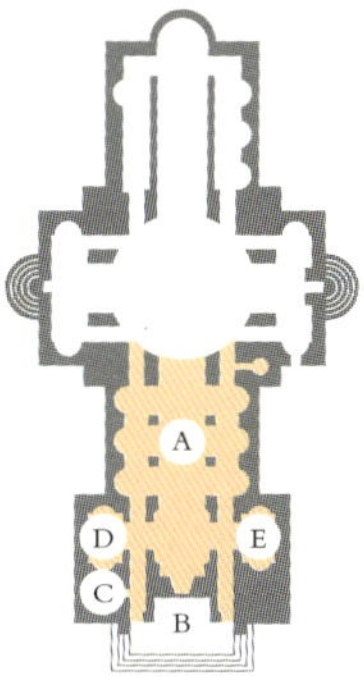

A – Navata centrale

B – Grande portale principale

C – Cappella dei Morti

D – Cappella di S. Dunstan

E – Cappella dell'Ordine dei SS. Michele e Giorgio

I monumenti funebri nella navata centrale

La tradizione di erigere monumenti alla memoria di personaggi famosi ebbe inizio alla fine del XVIII secolo e continua tuttora.

• Fra le targhe commemorative della navata c'è quella dedicata ai membri dell'associazione volontaria St Paul's Watch, che fecero la guardia alla cattedrale per proteggerla dagli incendi durante la seconda guerra mondiale. • Nella parte sinistra della navata c'è il monumento al Duca di Wellington, uno dei più grandi soldati e statisti della Gran Bretagna. Wellington morì nel 1852, ma il monumento non fu finito fino al 1912, quando fu scoperta la statua a cavallo.

Per ulteriori informazioni si veda la pagina 20

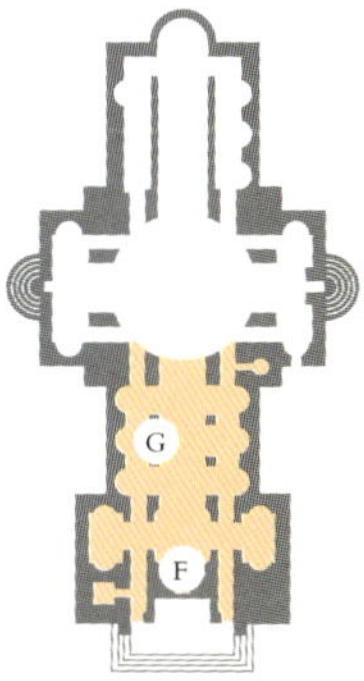

F – Targa commemorativa di St Paul's Watch

G – Monumento funebre al Duca di Wellington

G Monumento funebre al Duca di Wellington

F Targa commemorativa di St Paul's Watch

La cupola

St Paul ha una pianta a croce, sormontata dalla cupola all'intersezione dei bracci.

• Si tratta di una delle cupole più grandi del mondo, alta 111,3 metri. Pesa circa 65.000 tonnellate ed è sostenuta da otto pilastri.

Per ulteriori informazioni si vedano le pagine 26~27

A La cupola e la Whispering Gallery

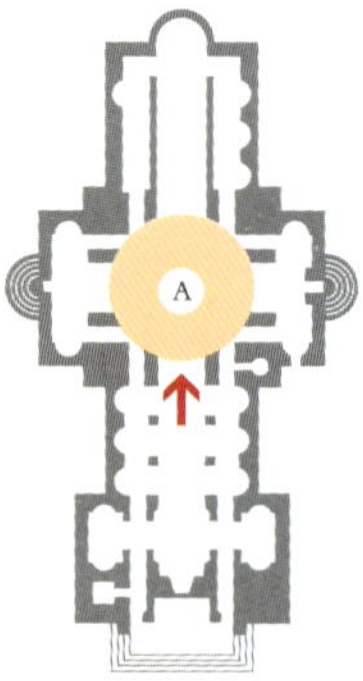

A – Cupola

A Particolare dei dipinti della cupola

Gli elementi decorativi della cupola

Tra gli archi ci sono mosaici dei profeti e dei santi, inseriti tra il 1864 e il 1888.

• I dipinti murali della cupola furono creati tra il 1715 e il 1719 dal pittore di corte Sir James Thornhill, e rappresentano scene della vita di S. Paolo.

Per ulteriori informazioni si vedano le pagine 26~27 e 32

A Uno dei mosaici della cupola

Il coro

Il coro si trova nella parte orientale della pianta a croce. Il coro ed i sacerdoti solitamente siedono qui durante le funzioni.

• Il coro fu la prima parte della cattedrale ad essere costruita e consacrata. • Su entrambi i lati del coro ci sono stalli finemente intagliati da Grinling Gibbons, le cui opere si trovano in molti palazzi reali e dimore importanti. • Sulla destra si trova il seggio episcopale, o cattedra, da cui deriva la parola cattedrale.

Per ulteriori informazioni si veda la pagina 29

B Gli stalli del coro

L'organo

L'organo fu istallato nel 1695, ma è stato ricostruito più volte.

• Intagliato da Grinling Gibbons, è una delle opere d'arte più importanti della cattedrale. • È il terzo organo del Regno Unito in ordine di grandezza, con 7.189 canne, cinque tastiere e 138 registri.

Per ulteriori informazioni si veda la pagina 29

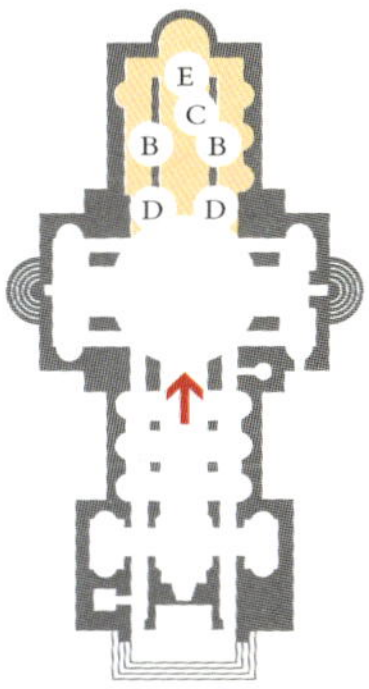

B – Stalli del coro
C – Cattedra
D – Organo
E – Altare maggiore

D L'organo

L'altare maggiore

In origine l'altare della cattedrale era un semplice tavolo.

• L'attuale altare maggiore, in marmo e quercia intagliata dorata, è del 1958. È sormontato da uno stupendo baldacchino, basato su un disegno di Wren. • Sostituisce un grande altare e un dossale di marmo di epoca vittoriana, danneggiati da una bomba durante la seconda guerra mondiale.

E L'altare maggiore

Per ulteriori informazioni si veda la pagina 30

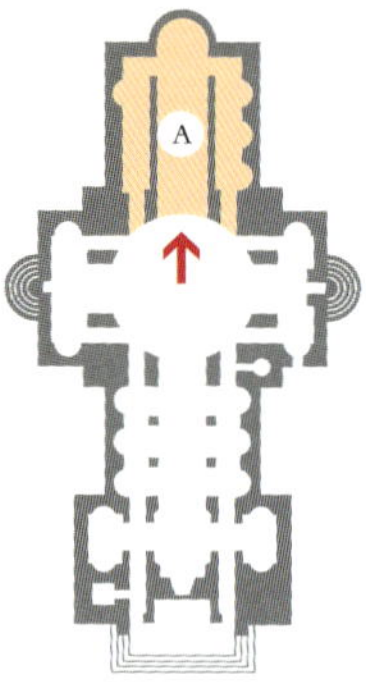

Ⓐ – Mosaici del coro

I mosaici del coro

Wren voleva decorare con dei mosaici l'interno della cupola, ma le autorità della cattedrale li trovarono eccessivi.

• Alla fine del XIX secolo le idee erano mutate, e la regina Vittoria si lamentò che la cattedrale era 'Davvero tetra, squallida e poco religiosa'.
• I mosaici del coro vennero disegnati e creati tra il 1891 e il 1904. • Sono in stile bizantino, con tessere irregolari di vetro, poste ad angolo in modo da riflettere la luce. • Rappresentano scene della creazione del mondo ed altri episodi biblici.

Per ulteriori informazioni si veda la pagina 32

Ⓐ Dettaglio di un mosaico del coro

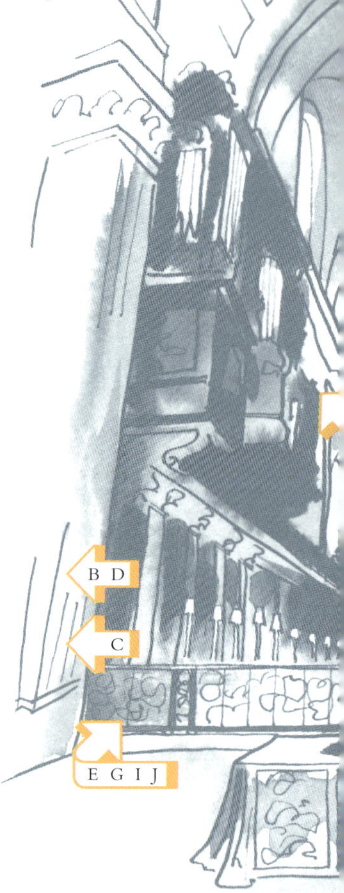

Il transetto sinistro

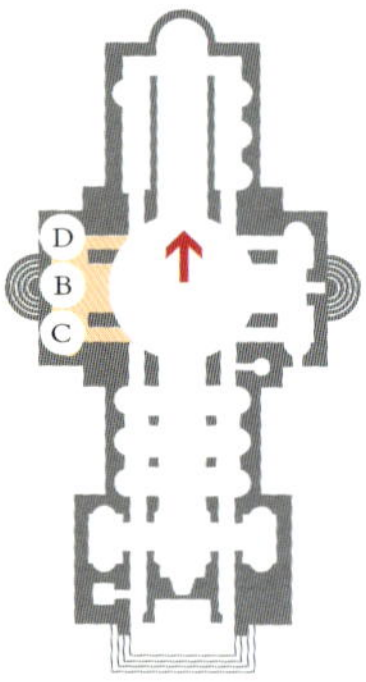

Ⓑ – Cappella del Middlesex
Ⓒ – Fonte di marmo
Ⓓ – *La luce del mondo*

I bracci corti centrali della pianta della cattedrale ne costituiscono il transetto.

Ⓓ *La luce del mondo*

• Il transetto sinistro è dominato dal dipinto *La luce del mondo* di William Holman Hunt, del 1900 circa, terza versione del soggetto. • La figura di Cristo che bussa ad una porta, che si apre dall'interno, suggerisce che Dio può entrare nella nostra vita solo se Lo invitiamo. • Qui, nella cappella del Middlesex, vengono regolarmente celebrate funzioni. • Le bandiere sono del Reggimento del Middlesex; l'asta senza bandiera appartiene a quella persa durante la seconda guerra mondiale. • Il fonte battesimale a forma d'urna, di marmo italiano, è del 1727.

Per ulteriori informazioni si veda la pagina 33

Ⓒ Il fonte battesimale di marmo

Il deambulatorio

Il deambulatorio è il passaggio attorno alla parte orientale della cattedrale.

• I mosaici delle navate ai lati del coro rappresentano angeli, un grifone (a sinistra) e una mitra vescovile con lo stemma della City di Londra (a destra). • Numerose figure sono parzialmente nude, fatto raro nelle chiese anglicane.

Per ulteriori informazioni si veda la pagina 34

G I mosaici del deambulatorio

La navata a sinistra del coro

Le cancellate in ferro battuto vennero disegnate dall'artista francese Jean Tijou, cui si deve la maggior parte degli elementi ornamentali in metallo della cattedrale.

• La scultura *Madonna col Bambino* è di Henry Moore, commemorato nella cripta. • Il monumento funebre ai martiri moderni onora gli anglicani morti per la fede dal 1850 in poi.

Per ulteriori informazioni si veda la pagina 34

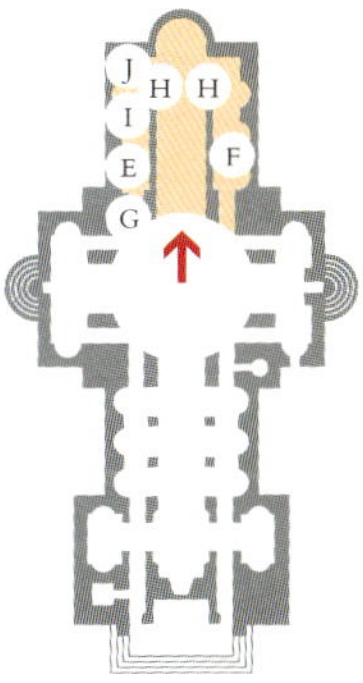

E – Navata a sinistra del coro
F – Navata a destra del coro
G – Deambulatorio
H – Cancellate di Tijou
I – *Madonna col Bambino*
J – Monumento funebre ai martiri moderni

I *Madonna col Bambino* di Henry Moore

H Le cancellate di Tijou

La cappella commemorativa americana

Questa cappella si trova nell'abside, l'area dietro l'altare maggiore.

• Consacrata nel 1958, onora i militari americani morti nella seconda guerra mondiale. • La lista d'onore contiene i nomi di oltre 28.000 americani che, durante la seconda guerra mondiale, diedero la vita mentre erano in viaggio verso il Regno Unito, o qui di stanza. Si trova davanti all'altare della cappella. • Le tre finestre della cappella sono del 1960 e raffigurano immagini ispirate al servizio e al sacrificio, mentre le insegne sul bordo rappresentano gli stati americani e le forze armate statunitensi. • Su uno dei pannelli di legno di tiglio è raffigurato un razzo, come tributo alle imprese spaziali americane.

(A) La lista d'onore

Per ulteriori informazioni si veda la pagina 34

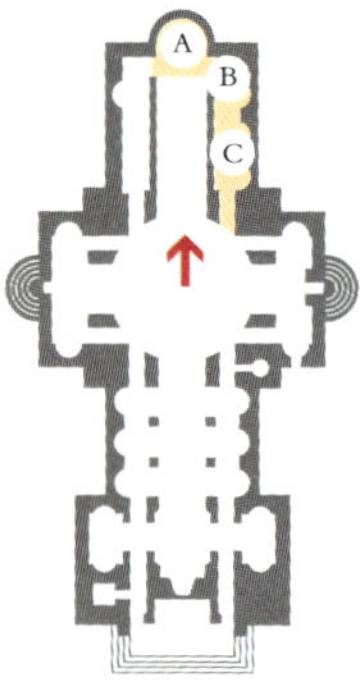

(A) – Cappella commemorativa americana

(A) – Lista d'onore

(B) – Vergine col Bambino

(C) – Effigie di John Donne

(A) La cappella commemorativa americana

La navata a destra del coro

Questa navata contiene una statua della Vergine col Bambino, un tempo parte della transenna vittoriana, e le effigi di due vescovi di Londra.

• C'è anche un'effigie marmorea di John Donne, Decano della cattedrale e uno dei maggiori poeti della Gran Bretagna, morto nel 1631. • Si tratta di una delle poche effigi rimaste dopo il grande incendio del 1666; si possono vedere delle bruciature sulla base.

Per ulteriori informazioni si veda la pagina 34

(C) John Donne

D Il monumento funebre all'Ammiraglio Nelson

Il transetto destro

Il monumento funebre all'Ammiraglio Nelson, il più grande eroe navale della Gran Bretagna, morto nella battaglia di Trafalgar nel 1805, lo raffigura appoggiato ad un'ancora.

• Fa parte del monumento anche un magnifico leone, che simboleggia la morte in battaglia dell'eroe. • Ci sono altri monumenti commemorativi, alla memoria del pittore di paesaggi JMW Turner e del Capitano Robert Scott, l'esploratore morto al ritorno dal Polo Sud nel 1912. • Sopra l'entrata della cripta, dove riposano i morti, sono scolpiti tre teschi.

Per ulteriori informazioni si veda la pagina 33

G I tre teschi

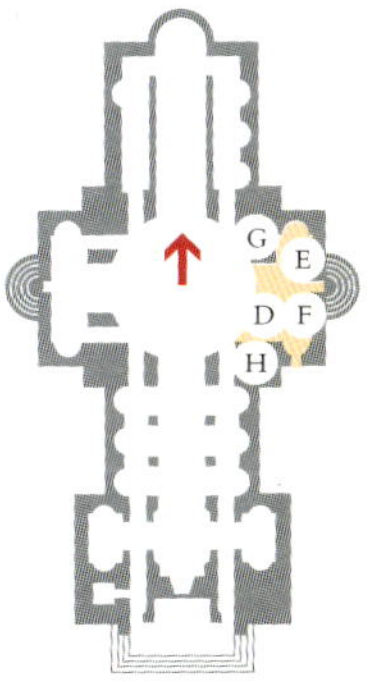

D – Monumento funebre a Nelson
E – Monumento commemorativo a JMW Turner
F – Monumento commemorativo al Capitano Scott
G – Entrata della cripta
H – Entrata delle gallerie

Le gallerie

All'interno della cupola, salendo 259 gradini, si accede alla Whispering Gallery, la galleria acustica dove una parola sussurrata contro il muro può essere udita all'altro capo, distante oltre 32 metri.

• Oltre la Whispering Gallery si trovano la Stone Gallery (galleria di pietra), a 378 gradini da terra e, ancora più su, a 530 gradini, la Golden Gallery (galleria dorata). Da entrambe, all'esterno della cupola, si vede il panorama di Londra. • La scala di accesso alle gallerie si trova all'incrocio tra il transetto destro e la navata centrale.

Per ulteriori informazioni si veda la pagina 27

H Vista dalla Whispering Gallery

La cripta

La cripta è il luogo di sepoltura della cattedrale. Nel 1936 fu proibita la sepoltura in edifici pubblici, tranne in circostanze eccezionali.

• Insolitamente, la cripta ha la stessa lunghezza della cattedrale. • Sir Christopher Wren, l'architetto di St Paul, è sepolto in fondo alla navata destra. • Accanto alla tomba c'è una pietra con il marchio dell'architetto. Tutt'intorno ci sono tombe e monumenti commemorativi della sua famiglia. • Nella stessa parte della cripta si trovano tombe e monumenti commemorativi di molti artisti, scienziati e musicisti, tra cui i pittori Sir Joshua Reynolds e Sir John Everett Millais, lo scienziato Sir Alexander Fleming, che scoprì la penicillina, il compositore Sir Arthur Sullivan (che lavorò con Gilbert), e lo scultore Henry Moore.

Per ulteriori informazioni si vedano le pagine 36~37

H Busto di Sir Christopher Wren

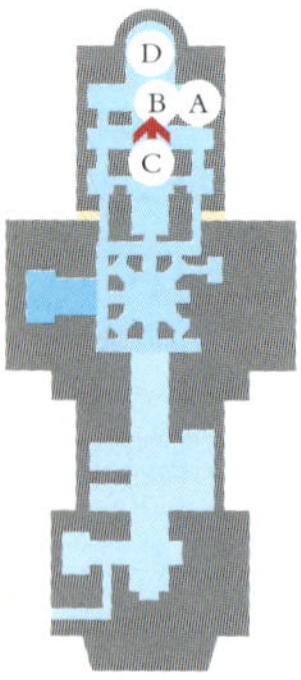

A – Tomba di Wren
B – Monumenti commemorativi di personalità delle arti
C – Monumenti commemorativi di personalità delle scienze
D – Cappella dell'OBE

A La tomba di Sir Christopher Wren

La cappella dell'OBE

In fondo alla cripta si trova anche la cappella dell'OBE, dedicata all'Ordine dell'Impero Britannico nel 1960.

• I pannelli di vetro raffigurano l'attuale sovrana, scene del Commonwealth e di commercio, e i fondatori reali dell'Ordine.

• Gli stendardi che pendono dal soffitto rappresentano membri della famiglia reale.

Per ulteriori informazioni si vedano le pagine 36~37

D La cappella dell'OBE

Il cuore della cripta

Il sarcofago del Duca di Wellington, in una sala che porta al centro della cripta, è talmente grande che dovette essere calato attraverso un foro nel pavimento della cattedrale.

E Il sarcofago del Duca di Wellington

• Esattamente sotto la cupola giace l'Ammiraglio Nelson, il cui sarcofago era stato in origine fatto per il Gran Cancelliere di Enrico VIII, il cardinale Wolsey. • Le spoglie di Nelson furono conservate nell'alcool per il viaggio in patria da Trafalgar. • Questi due grandi uomini sono circondati da monumenti alla memoria di altri morti in guerra, tra cui coloro che caddero a Gallipoli, in Corea, nell'Atlantico meridionale e nel Golfo. • Florence Nightingale, George Washington e Lawrence d'Arabia sono pure commemorati in questa parte della cripta.

Per ulteriori informazioni si vedano le pagine 38~39

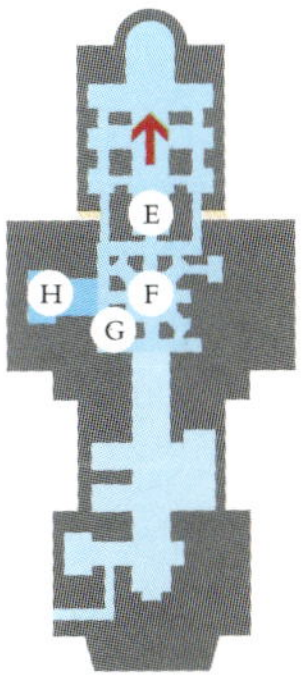

E – Tomba di Wellington
F – Tomba di Nelson
G – Monumenti commemorativi
H – Zona del tesoro

F Il sarcofago dell'Ammiraglio Nelson

Il tesoro

Questa parte ospita i tesori della cattedrale e di altre chiese di Londra, tra cui effigi della cattedrale precedente, argenteria, abiti e modelli dell'edificio attuale e di quelli precedenti.

Per ulteriori informazioni si veda la pagina 40

H Piviale ricamato del 25° anniversario di regno della regina Elisabetta

H Oggetti sacri del tesoro

La storia di St Paul

Le cattedrali hanno sempre rivestito più di un ruolo nelle loro comunità. Lo scopo principale è avvicinare la gente a Dio, ma nel corso dei secoli sono state centri di commercio, fortezze e rifugi in tempo di guerra, e status symbol che riflettevano la ricchezza e il potere della loro regione.

A tali funzioni se ne aggiunge una ulteriore per St Paul, la cattedrale della capitale e, per estensione, della nazione. L'attuale edificio è inoltre la prima cattedrale eretta dalla fondazione della Chiesa Anglicana nel 1534, quando la religione fu posta sotto il controllo diretto del monarca.

In Inghilterra il rifiuto del Papa di accordare a Enrico VIII il divorzio dalla prima moglie divenne lo spunto per la riforma che unì inestricabilmente la chiesa e lo stato sotto la guida del monarca, che è anche il difensore della fede.

Oggi la Chiesa appartiene alla nazione. Per esempio, ogni cittadino può sposarsi o avere il proprio funerale nella propria parrocchia; i sacerdoti possono celebrare matrimoni senza la presenza di un'autorità civile; e il Sinodo Generale, l'istituzione che governa la Chiesa Anglicana, è l'unica organizzazione che abbia il potere di emettere leggi oltre al Parlamento.

Le cattedrali sono forse la massima espressione di questa universalità. Mentre le chiese parrocchiali provvedono ai fedeli di una data zona, le cattedrali sono una via verso Dio per una comunità più ampia, un luogo dove rallegrarsi o piangere, condividendo i propri sentimenti. La grandiosità e la bellezza dell'architettura, le funzioni e la musica aiutano i visitatori ad avvertire la serenità e la spiritualità che costituiscono un essenziale contrappunto al trambusto della vita quotidiana.

604 d.C. ~ La prima St Paul

St Paul domina la City di Londra, il cuore della capitale, luogo dei primi insediamenti di rilievo. La City ha un'area di un miglio quadrato ed è quasi uno stato nello stato, orgogliosa del proprio prestigio e delle proprie tradizioni.

Nel medioevo esisteva perfino il progetto di organizzare la City di Londra come un comune separato dal resto del paese. Come risultato, per alcuni anni Londra ebbe un governo praticamente indipendente. Ancor oggi la regina deve chiedere ufficialmente il permesso al sindaco se vuole entrare nella City.

Sul luogo dov'è ubicata St Paul si sono succeduti chiese e monumenti religiosi fin dai tempi dei Romani. Riferendosi a quando iniziarono gli scavi per la costruzione dell'edificio attuale, Wren scrisse: 'Abbiamo rinvenuto una gran quantità di urne, recipienti e vasellame rotti... Tombe di epoche e forme diverse in strati successivi... hanno mostrato chiaramente una grande antichità, che risale a tempi dei Britanni e dei Romani.'

Nel 604 fu qui costruita la prima cattedrale cristiana dedicata a S. Paolo, per Mellito, vescovo dei Sassoni orientali. L'edificio ligneo bruciò nel 675 e fu ricostruito 10 anni dopo, per essere poi distrutto dai Vichinghi nel 962. Fu allora edificata una nuova chiesa di pietra.

1087 ~ La vecchia St Paul

In seguito ad un incendio nella City, nel 1087, la chiesa dovette essere nuovamente ricostruita. I Normanni, che avevano recentemente conquistato la Gran Bretagna, erano fermamente decisi a creare la chiesa cristiana più lunga del mondo. Fu completata nel 1240, ma poco più di 20 anni dopo iniziarono le opere di ampliamento, che durarono fino al 1314. La cattedrale fu finalmente consacrata nel 1300, oltre 200 anni dall'inizio della costruzione.

L'edificio era di pietra, ma il tetto era per la maggior parte di legno, perché di pietra sarebbe stato troppo pesante. La scelta di un materiale facilmente infiammabile ebbe conseguenze disastrose quando divampò il grande incendio di Londra, più di 300 anni dopo.

Nel corso dei secoli la cattedrale normanna cadde progressivamente in rovina. Dopo tre indagini condotte all'inizio del XVII secolo, i lavori di restauro cominciarono infine nel 1633 sotto la direzione dell'architetto Inigo Jones, che creò anche la Banqueting House in Whitehall.

La navata centrale e i transetti vennero rinnovati in pietra di Portland in uno stile classico, e la facciata occidentale fu rimodellata con un porticato imponente. Nel 1642, però, la guerra civile inglese interruppe i lavori di quello che era divenuto l'edificio classico più importante del paese.

Durante il periodo della repubblica, nota allora come Commonwealth, che seguì all'esecuzione di Carlo I nel 1649, il rispetto del paese verso la chiesa andò scemando. La vecchia St Paul, come molti luoghi sacri, cadde in rovina. Il coro venne usato come scuderia, la navata centrale come mercato, mentre una strada passava per i transetti. Un osservatore annotò perfino come il 'maestoso porticato... era stato convertito in negozi per sarte ed altri artigiani'.

Quando, nel 1660, fu restaurata la monarchia, il nuovo re, Carlo II, scacciò i commercianti e cominciò a riportare la cattedrale in rovina alla sua dignità precedente. Nel 1662 il coro fu messo in uso per le funzioni, mentre veniva riparato il resto dell'edificio. Un anno più tardi, fu istituita una commissione reale per esaminare le condizioni dell'edificio, e a Christopher Wren fu chiesto di approntare un progetto per il restauro.

Il progetto di Wren fu approvato nell'agosto del 1666 ma, prima che iniziassero i lavori, scoppiò il grande incendio.

Londra nel 1650, con la vecchia St Paul (a sinistra), senza la cuspide, distrutta da un fulmine.

1666 ~ L'incendio di Londra

Le fiamme si svilupparono il 2 settembre e distrussero due terzi della City di Londra. Continuarono ad ardere per quattro giorni e quattro notti, distruggendo 13.200 case e 87 chiese parrocchiali, oltre alla vecchia St Paul. Miracolosamente persero la vita meno di 20 persone.

Il diarista John Evelyn, che faceva parte della commissione per il restauro della vecchia cattedrale, la visitò il 7 settembre, rimanendo addolorato da tanta devastazione. 'Giace così in cenere la chiesa più venerabile, una delle più antiche espressioni di religiosità del mondo cristiano' scrisse rattristato.

Carlo II e il sindaco nominarono rapidamente una nuova commissione per organizzare la ricostruzione della City e, a soli nove giorni dallo scoppio dell'incendio, Wren presentò un progetto. Era una celebrazione della luce, con strade che si irradiavano come raggi di sole dagli edifici e dalle piazze principali. Il progetto comprendeva una nuova cattedrale in pietra dorata, con un interno luminoso grazie a finestre di vetro trasparente e vernici dorate.

Sfortunatamente per Wren, gli abitanti della City, che avevano bisogno di edifici dove vivere e lavorare al più presto possibile, iniziarono quasi immediatamente la ricostruzione. Il suo progetto non venne mai realizzato.

Sir Christopher Wren

Wren fu uno dei personaggi più straordinari della sua epoca. Benché sia ora noto soprattutto come architetto, era anche un astronomo, uno scienziato e un matematico di tale talento che Sir Isaac Newton, l'uomo che scoprì la gravità, lo riteneva uno dei tre maggiori geometri del mondo.

Wren produsse continuamente invenzioni, come un motore pneumatico, uno strumento che copiava la scrittura, un metodo per rendere più alcolico il porto e una macchina che tesseva contemporaneamente nove paia di calze.

314 d.C. ~ Restituto diviene primo vescovo di Londra. Non si conosce l'ubicazione della sua cattedrale.

604 d.C. Viene costruita la prima Cattedrale di St Paul.

675 ~ Brucia la prima cattedrale.

962 ~ La cattedrale viene ricostruita dopo il saccheggio dei Vichinghi.

1087 Viene costruita la vecchia St Paul, in stile romanico.

1310 ~ Terminano i lavori di St Paul, oltre 200 anni dall'inizio.

1561 ~ La regina Elisabetta I contribuisce alle riparazioni della cattedrale, colpita da un fulmine.

1666 Il grande incendio di Londra distrugge la vecchia St Paul.

1668 ~ A Wren viene commissionato il progetto per la nuova Cattedrale di St Paul.

La sua duratura passione per Oxford, dove studiò presso il Wadham College e fu professore di astronomia dal 1661 al 1673, è riflessa nei grandi edifici che vi creò, tra cui lo Sheldonian Theatre, il St John's College e la Tom Tower del Christ Church College.

A Cambridge progettò le cappelle del Pembroke College e dell'Emmanuel College, e la biblioteca del Trinity College. Tra le opere commissionategli dalla famiglia reale e dallo stato figurano l'Osservatorio di Greenwich, gli ospedali di Greenwich e di Chelsea, e vasti lavori a Hampton Court Palace e a Kensington Palace.

La sua grande passione era tuttavia la City di Londra, dove progettò molte delle chiese che sostituirono quelle distrutte dall'incendio. Forse la sua attrazione verso gli edifici religiosi è spiegata dalla sua definizione dello scopo del suo lavoro. 'L'architettura,' spiegò una volta, 'mira all'eternità.'

1668 ~ La demolizione della vecchia cattedrale

La vecchia St Paul venne riparata temporaneamente, ma la sua struttura era gravemente danneggiata. Infine, nel 1668, a Wren fu chiesto di creare un progetto per un nuovo edificio. 'Ciò che dobbiamo poi fare è la presente considerazione, secondo cui voi siete così assolutamente e indispensabilmente a noi necessario che non possiamo fare nulla... senza di voi' scrisse disperatamente il decano William Sancroft.

La demolizione della vecchia cattedrale iniziò quello stesso anno. Wren, in qualità di soprintendente ai lavori del re, ne era a capo e inizialmente volle sperimentare l'uso della polvere da sparo. Come tante nuove tecniche, non era facile averne il controllo, e i vicini si lamentarono aspramente del rumore e dei danni, per cui Wren dovette usare un ariete al suo posto.

Lo scrittore Samuel Pepys annotò nel proprio diario, il 26 agosto 1668: 'È strano vedere a che velocità gli operai demoliscono la cuspide di St Paul, e con quale facilità.'

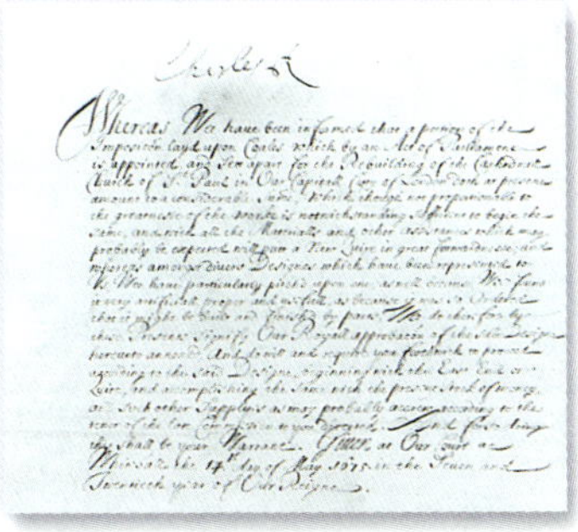

Whereas We have been informed that a portion of the

1669 ~ Il primo progetto di Wren per la nuova cattedrale viene respinto.

1674 ~ Wren, frustrato da tutti i ritardi, lavora a un terzo progetto.

1697 ~ Il 2 dicembre viene celebrata la prima funzione nel coro, dal quale era stata iniziata la costruzione dell'edificio.

1709 ~ St Paul comincia a far pagare i visitatori.

1673
Il secondo progetto e il Gran Modello di Wren vengono abbandonati.

1675
Il Warrant Design di Wren riceve l'approvazione reale.

1698
La struttura raggiunge l'altezza della Whispering Gallery e iniziano i lavori della cupola.

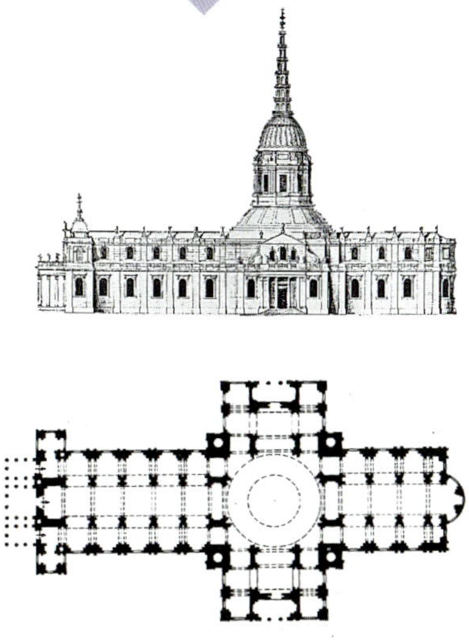

1669–1675 ~ I progetti

Nel 1669 Wren produsse il primo progetto, che fu respinto in quanto era troppo innovativo e poco tradizionale.

Nel 1673 Carlo II commissionò lavori di ricostruzione con il secondo progetto di Wren come guida. Tale progetto si basava sulla forma di una croce greca, con quattro bracci della stessa lunghezza, ed era il preferito di Wren.

Il re commissionò anche un modello, ora noto come il Gran Modello, in mostra nella Sala dei Trofei di St Paul, allo scopo di dare ai lavori 'una regola e una direzione che non varino'.

Anche questo progetto, però, dovette essere abbandonato. Per motivi pratici, non poteva essere realizzato in più fasi, e le autorità non possedevano fondi sufficienti per completare tutto il lavoro in una volta. L'altro problema era costituito dai sacerdoti, che avevano gusti all'antica ed insistevano che una cattedrale dovesse seguire la tradizionale forma a croce latina, con la navata centrale più lunga dei transetti.

A questo punto Wren era estremamente irritato dalle critiche e dai ritardi. Finalmente produsse un terzo progetto, che divenne noto come il Warrant Design (progetto con autorizzazione) quando ricevette l'approvazione reale il 14 maggio 1675. Questa versione presentava una cupola, per soddisfare Wren, su una pianta a croce latina, per far piacere ai sacerdoti.

Dopo questo compromesso, l'architetto era fermamente deciso a non cedere ad ulteriori pressioni. Suo figlio scrisse: 'Il Soprintendente ha stabilito di non fare altri modelli né di esporre al pubblico i propri disegni, perché ciò (come aveva scoperto a proprie spese) serviva solo a perdere tempo, e sottoponeva spesso il suo lavoro a giudici incompetenti.'

Wren si sentiva comunque autorizzato ad alterare i disegni. Quando il re gli diede la libertà di 'introdurre qualche variazione, più ornamentale che fondamentale, come ritenesse opportuno di tanto in tanto', ne approfittò in pieno, alterando le proporzioni dell'edificio ed abbandonando l'idea di porre una cuspide in cima alla cupola.

1723 ~ Muore Sir Christopher Wren, all'età di 91 anni. Negli ultimi anni di vita era tornato regolarmente alla cattedrale per sedersi a contemplare il suo capolavoro.

1810 ~ In seguito ad un'audace rapina, St Paul perde la maggior parte dei suoi oggetti d'oro e d'argento.

1710
La nuova cattedrale è completata.

1806
Si tiene una cerimonia funebre per l'Ammiraglio Nelson.

1852
Funerale del Duca di Wellington.

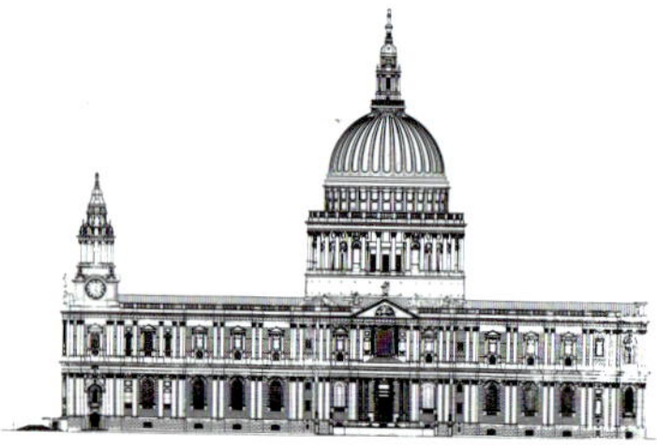

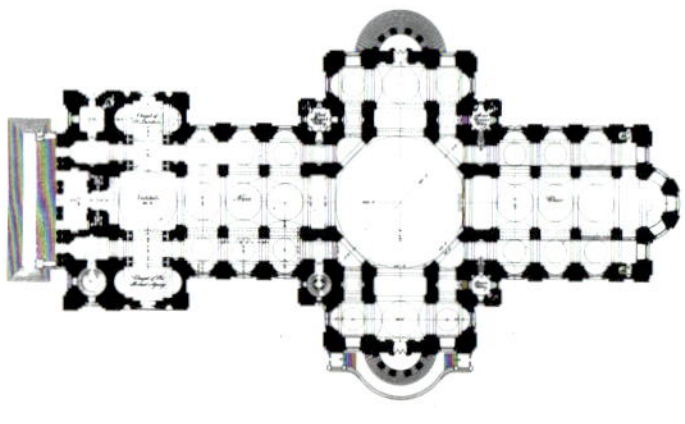

1675–1710 ~ La nascita della nuova St Paul

I primi contratti per la costruzione vennero confermati nel luglio del 1675. La cattedrale fu finita solo 35 anni dopo, la prima in Inghilterra ad essere completata mentre l'architetto era ancora in vita. Tale rapidità pare ancor più straordinaria per la mancanza di manodopera specializzata dopo la peste che si era abbattuta sul paese nel 1665.

Ciononostante, Wren riuscì a radunare artisti ed artigiani di spicco. L'architetto assunse un ruolo attivo, ingaggiando e controllando personalmente gli operai, verificando la contabilità e visitando il cantiere ogni sabato.

Eppure alcuni trovavano troppo lenti i lavori. Nel 1697 esercitarono pressione su Wren, persuadendo il parlamento a sospendere metà del suo salario fino a che l'edificio non fosse finito.

Iniziò immediatamente la costruzione dei muri perimetrali e il lavoro si svolgeva dietro schermi, in parte per celare i cambiamenti che Wren stava apportando al progetto approvato, ma anche per impedire che alcuno vedesse l'edificio prima del completamento, a meno che non avesse pagato.

St Paul cominciò a far pagare i visitatori nel 1709. Una temporanea sospensione del biglietto d'ingresso di due penny, nel XIX secolo, provocò, secondo un osservatore, la confusione più assoluta.

'In meno di un'ora, entrarono nella chiesa tra le 2.000 e le 3.000 persone, molte delle quali della più bassa lega, senza togliersi il cappello, ridendo, parlando e facendo un frastuono assolutamente incompatibile con qualsiasi idea di religione' scrisse l'osservatore.

Anche con il biglietto d'ingresso, aggiungeva, 'vediamo mendicanti, uomini con fardelli, donne che lavorano a maglia, gruppi che mangiano, cani, bambini che giocano, gente che ride e parla ad alta voce, ed ogni sorta di scena incompatibile con la solennità di un luogo di culto.'

1901 ~ Si tiene una cerimonia funebre per la regina contemporaneamente alla sua sepoltura a Windsor.

1939 ~ L'associazione volontaria St Paul's Watch viene riformata per aiutare i vigili del fuoco della città a spegnere i fuochi delle prime bombe incendiarie della seconda guerra mondiale.

1944 ~ Le campane della cattedrale, mute durante la guerra, suonano per festeggiare la liberazione di Parigi.

1897
Cerimonia per il 60° anniversario di regno della regina Vittoria.

1935
Cerimonia per il 25° anniversario di regno di Giorgio V.

1940
La cattedrale è bersaglio di un bombardamento durante l'offensiva aerea da parte dei tedeschi.

I biglietti d'ingresso non servivano a pagare l'edificio in sé, finanziato da una tassa speciale sul carbone che arrivava nel porto di Londra, imposta per sovvenzionare la ricostruzione della City dopo il grande incendio. Secondo la contabilità della cattedrale, la nuova St Paul costò in totale 738.845 sterline, 5 scellini e 2 penny e mezzo, circa 50 milioni di sterline attuali.

1697 ~ La prima funzione

Anche se la cattedrale fu completata nel 1710, alcune parti erano già in uso 13 anni prima. Il coro fu la prima ad essere finita, e venne aperto al culto il 2 dicembre 1697.

Uno dei presenti commentò: 'Mi sono recato a St Paul a vedere il coro appena finito... Il modo in cui i sedili vengono tirati fuori dagli stalli a mo' di cassetti è davvero ingegnoso.'

La prima funzione fu una cerimonia di ringraziamento per la pace, dopo la fine di una guerra tra Francia e Inghilterra. Il sermone del vescovo Henry Compton comprendeva queste parole appropriate: 'Ho gioito quando mi hanno detto: andiamo nella casa del Signore.'

Immagini di questa ed altre funzioni successive mostrano che l'assemblea stava in piedi negli stalli del coro, rivolta verso il pulpito, che poteva essere spostato su delle ruote a seconda delle funzioni e del numero dei fedeli.

Una triste conclusione

Verso la fine del progetto i piani di Wren vennero spesso ignorati. Nel 1711 si lamentò con la regina Anna che gli erano stati tolti due compiti importanti, la decorazione della cupola e la costruzione del recinto del cimitero. Richiese il saldo del proprio salario e con i soldi ricevette aspre critiche del lavoro.

Successivamente ci fu una burrasca ancora peggiore quando fu eretta una balaustra di pietra attorno ai muri esterni e Wren cessò di esercitare alcuna influenza sull'allestimento interno della cattedrale. Cionostante, tornò regolarmente alla cattedrale per sedersi a contemplare il suo capolavoro fino alla morte, nel 1723, all'età di 91 anni.

1945 ~ Dieci semplici cerimonie segnano la fine della guerra in Europa. Vi prendono parte circa 35.000 persone.

1964 ~ Il sostenitore dei diritti umani Martin Luther King predica a St Paul, diretto alla volta di Oslo per ricevere il premio Nobel per la pace.

1968 ~ St Paul riflette lo spirito degli anni Sessanta ospitando un Festival della gioventù con la partecipazione della cantante pop Mary Hopkin.

1980 ~ Cerimonia per l'ottantesimo compleanno della regina madre, che a ricordo dell'occasione riceve il medaglione d'argento di St Pau

1951
Il re Giorgio VI inaugura il Festival della Gran Bretagna da St Paul.

1965
Funerale di Sir Winston Churchill.

1977
Cerimonia per il 25° anniversario di regno della regina Elisabetta.

Una tradizione di servizio pubblico

La cerimonia di ringraziamento del 1697 fu la prima funzione di importanza nazionale tenutasi nella cattedrale.

St Paul è stata luogo di cerimonie funebri pubbliche per eroi come l'Ammiraglio Nelson, il Duca di Wellington e Winston Churchill. Nelson, che fu trasportato alla cattedrale su una lancia, era talmente popolare che i soldati che portavano la salma strapparono la bandiera che copriva la bara per farne dei souvenir. Per il funerale di Wellington la cattedrale fu illuminata a gas per la prima volta.

La cattedrale è stata anche teatro di avvenimenti più felici, tra cui molte cerimonie di ringraziamento. Nel 1789 se ne tenne una per la guarigione di Giorgio III da un attacco di follia, e nel 1872 un'altra per la guarigione di Edoardo, Principe di Galles, da una grave malattia.

Venticinque anni dopo si svolse una cerimonia per il 60° anniversario di regno della regina Vittoria. Il sacerdote fece il sermone sui gradini della cattedrale, mentre la regina settantottenne assisteva seduta nella sua carrozza scoperta. Nel 1977 la regina Elisabetta festeggiò il proprio venticinquesimo anniversario di regno a St Paul.

Molte cerimonie di ringraziamento hanno segnato la fine di conflitti armati in cui era stata coinvolta la Gran Bretagna, tra cui le recenti guerre delle Falkland e del Golfo. Il calendario della cattedrale ha compreso manifestazioni regolari, come il festival annuale per i bambini istruiti con fondi di beneficenza, tenutosi per tutto il XIX secolo. Cerimonie annuali per i membri di corporazioni di arti e mestieri risalgono a 1.000 anni fa.

Oggi la cattedrale è forse più strettamente collegata al matrimonio di Carlo, Principe di Galles, e di Lady Diana Spencer nel 1981, con una cerimonia che oltre 750 milioni di persone guardarono alla televisione in tutto il mondo. La scelta di St Paul, la chiesa più grande della nazione, invece dell'Abbazia di Westminster, appartenente alla sovrana, simboleggiava l'intenzione della coppia di divenire il principe e la principessa della gente.

1992 ~ La regina madre partecipa alle celebrazioni per il 40° anniversario degli Amici di St Paul.

1996 ~ Gli archeologi scoprono frammenti dello splendido porticato di Inigo Jones, a 330 anni dal grande incendio.

1997 ~ Kiri Te Kanawa conclude l'anno cantando nella cattedrale per Natale.

1981
Matrimonio di Carlo, Principe di Galles, e Lady Diana Spencer.

1995
Cerimonia per commemorare il 50° anniversario della fine della seconda guerra mondiale in Europa.

1997
Trecentesimo anniversario della Cattedrale di St Paul.

Il patrimonio di una nazione

La mole e la grandiosità di St Paul possono sopraffare, ma dietro ogni pietra, pezzo di legno, scultura, mosaico o monumento si cela una storia di talenti, passioni, tragedie o trionfi umani. Questa parte prende più dettagliatamente in esame la cattedrale e coloro che hanno contribuito al suo sviluppo.

La navata centrale

Nel corso degli anni sono avvenuti numerosi cambiamenti a St Paul, ma il visitatore moderno riceve una prima impressione dell'interno molto simile a quella voluta dall'architetto Christopher Wren 300 anni fa: un'ampia visuale dell'intera lunghezza della cattedrale.

Tra i 300 monumenti commemorativi della cattedrale c'è quello splendido al Duca di Wellington, morto nel 1852. Wellington fu Primo Ministro dal 1828 al 1830, ma è più noto per le sue imprese militari, in particolare per la sconfitta di Napoleone a Waterloo nel 1815.

Dopo la sua morte si affollarono a St Paul 13.000 persone (oggi i vigili del fuoco limitano il numero a 2.500). Sfortunatamente il Duca arrivò tardi al proprio funerale. Il suo carro funebre, decorato con trofei di guerra, era così pesante (18 tonnellate) che i cavalli non ce la fecero a tirarlo su per la salita fino alla cattedrale. Vennero allora chiamati dal vicino Pool del Tamigi dei marinai, che lo spinsero fino in cima. Ebbe così inizio la tradizione per cui i marinai accompagnano l'affusto ai funerali di stato.

Nelle navate laterali sono ricordati molti altri militari, tra cui i 33.000 membri della marina mercantile e delle flotte pescherecce uccisi nella seconda guerra mondiale, e il Generale di divisione Charles Gordon, che divenne noto come Gordon di Khartoum quando fu ucciso nel 1885, dopo un assedio di dieci mesi alla città sudanese. La sua effigie di bronzo reca l'iscrizione: 'Salvò un impero col suo genio bellico, governò vaste province con giustizia, saggezza e forza.'

Tra le opere d'arte figurano una statua di Sir Joshua Reynolds, che divenne primo presidente della Royal Academy nel 1768 ed è sepolto nella cripta, ed un monumento commemorativo a Lord Leighton, pittore e scultore del XIX secolo, che comprende una riproduzione in miniatura di una delle statue da lui scolpite, *The Sluggard* (il fannullone), ai lati della quale sono la musa della scultura, a destra, e quella della pittura, a sinistra.

Nella navata sinistra e in quella destra, rispettivamente, si trovano targhe con i nomi di tutti i decani di St Paul, a partire dalla conquista normanna nel 1066, e dei vescovi di Londra, a partire dal 314. Il primo vescovo di Londra è Restituto, ma l'ubicazione della sua cattedrale resta un mistero. Dopo Restituto non ci furono vescovi fino al 604, per quasi tre secoli, durante i quali Londra divenne pagana, dopo che i Romani si furono ritirati dalla Gran Bretagna.

A sinistra
Il monumento al Duca di Wellington

A destra
Veduta verso la cupola e l'altare maggiore

La cappella dell'ordine dei SS. Michele e Giorgio

La cappella era in origine il tribunale del concistoro, in cui il vescovo giudicava i sacerdoti. Divenne temporaneamente un laboratorio per la costruzione del monumento a Wellington tra il 1858 e il 1878.

Il monumento fu progettato attorno al 1856 dall'artista inglese Alfred Stevens, che vi lavorò per la maggior parte dei suoi ultimi 20 anni di vita. Il suo allievo Hugh Stannus ne completò la struttura principale nel 1878, tre anni dopo la morte di Stevens. Nel 1901 un terzo artista, John Tweed, cominciò a lavorare alla figura del Duca sul suo cavallo da guerra Copenhagen, che fu finalmente aggiunta al monumento nel 1912, 60 anni dopo la morte di Wellington.

La cappella ospitò il monumento commemorativo a Wellington fino al 1894, dopodiché fu usata come battistero, il luogo dove si viene formalmente iniziati al cristianesimo. Nel 1906, dopo lavori di restauro, la cappella fu dedicata all'ordine dei SS. Michele e Giorgio, un'organizzazione fondata nel 1818 per onorare coloro che si distinguono all'estero e negli affari esteri.

S. Michele e S. Giorgio sono entrambi rappresentati nella cappella. Nella pala dietro l'altare c'è una statua di S. Giorgio, mentre la scultura sottostante mostra S. Michele che calpesta i sette peccati capitali. L'artista, Edwin Russell, scelse l'orso per simboleggiare l'ira, il lupo per l'avarizia, il serpente per l'invidia, l'avvoltoio per la gola, il pavone per la superbia e il rospo per l'indolenza. Il settimo peccato, la lussuria, è un volto femminile, che si dice somigliasse molto alla moglie dell'artista.

Al di sopra degli stalli della cappella pendono le bandiere degli attuali Cavalieri dell'ordine. Quando un cavaliere muore, la sua bandiera viene restituita alla famiglia e una targa smaltata commemorativa viene posta sui leggii degli stalli.

La cappella di S. Dunstan

Questa cappella, consacrata nel 1699, fu la seconda parte dell'edificio di Wren ad entrare in uso, dopo il coro. Nel 1905 fu dedicata a S. Dunstan, vescovo di Londra e arcivescovo di Canterbury 1.000 anni fa. Prima di allora era nota come la cappella del mattino, perché vi veniva celebrata quotidianamente la prima funzione del giorno.

La transenna di quercia all'entrata fu scolpita da uno degli artigiani di Wren, e raffigura uno scudo con lo stemma del Decano e del Capitolo, cherubini alati e urne fiammeggianti, simbolo d'eternità.

La cappella dei Morti

Situata al piano terra della torre di nord-ovest, questa cappella fu dedicata nel 1925 alla memoria del Feldmaresciallo Lord Kitchener (1850–1916) e dei militari morti nella prima guerra mondiale. È perciò nota anche come la cappella commemorativa di Kitchener.

Kitchener era un soldato e un riformatore militare che prestò servizio in Africa e in India. Ristrutturò l'esercito britannico all'inizio della prima guerra mondiale, ma divenne soprattutto noto per la più efficace campagna di reclutamento nella storia militare della Gran Bretagna, con lo slogan *Your Country Needs You!* (Il tuo paese ha bisogno di te!). Il manifesto della campagna mostra Kitchener che punta il dito su chi guarda, ed è stato spesso imitato; negli anni sessanta fu un poster molto diffuso.

Tra le opere d'arte della cappella figurano sculture dei santi militari, S. Michele e S. Giorgio, una bella pietà, cioè una scultura della Vergine Maria che sostiene il corpo di Cristo morto, ed un'effigie di Lord Kitchener. I candelabri sull'altare furono realizzati fondendo l'argento dei trofei vinti dalla London Rifle Brigade, la brigata dei fucilieri.

Pagina a fianco
La cappella dell'Ordine dei SS. Michele e Giorgio

In questa pagina
In alto: La cappella dei Morti o cappella commemorativa di Kitchener
A sinistra: La cappella di S. Dunstan

IL DIAVOLO E S. DUNSTAN

Secondo la leggenda, S. Dunstan era un abile fabbro che mise ferri di cavallo al Diavolo. In cambio fece promettere a Satana di non entrare mai in una casa con un ferro di cavallo inchiodato sopra l'uscio. S. Dunstan è spesso rappresentato mentre trattiene il Diavolo, spesso per il naso, con un paio di pinze.

NOBLE·ACTS·PSE·HIM·ACCORDG·TO·HIS·EXCELLENT GREATNESS
S. MARK
BENEDICITE OMNIA

S. LUKE

MISURATA IN GIORNI

Wren, architetto ed astronomo, era abituato a riferirsi al movimento dei pianeti, e così combinò le sue due professioni progettando una struttura alta 365 piedi, cioè 111,3 metri, dal numero dei giorni dell'anno, il tempo impiegato dalla terra per compiere un'orbita attorno al sole.

In questa pagina
La cupola vista dal basso

Pagina a fianco
In alto: Particolare dei dipinti murali di Thornhill
In basso: Il pavimento sottostante la cupola

La cupola

Wren era fermamente deciso a coronare la sua chiesa con una cupola altissima, piuttosto che con una cuspide, benché ciò fosse molto insolito in Inghilterra nel XVII secolo.

La superstizione circondava la ricostruzione della cattedrale, ma un episodio all'inizio dei lavori fu considerato di buon auspicio.

Il figlio di Wren, Christopher, annotò nel suo libro *Parentalia*: 'Quando il Soprintendente... [Wren] ebbe delineato... le dimensioni della grande cupola e ne ebbe fissato il centro, a un operaio fu ordinato di portare una pietra piatta... da usare come segno e guida per i muratori; la pietra... risultò essere un pezzo di pietra tombale, della cui iscrizione rimaneva soltanto una parola in lettere maiuscole, RESURGAM.'

Il significato della parola, che vuol dire 'Risorgerò', non sfuggì all'architetto, e fu scolpita sul frontone del portale del transetto destro.

La costruzione di una struttura così grande creò complessi problemi tecnici, ma Wren trovò soluzioni al tempo stesso ingegnose ed efficaci dal punto di vista estetico. Per superare la difficoltà di unire la cupola circolare al resto della cattedrale, per esempio, utilizzò otto archi di sostegno.

Wren intendeva decorare l'interno della cupola con dei mosaici, ed aveva perfino scelto quattro artisti italiani per compiere il lavoro. Invece, nel 1709, la commissione della cattedrale nominò l'artista inglese James Thornhill perché lo dipingesse monocromaticamente, in parte perché il mosaico era costoso e richiedeva molto tempo e in parte perché tale mezzo altamente decorativo era ritenuto troppo insolito ed elaborato. Thornhill, che aveva ottenuto la fama a Hampton Court Palace, iniziò a lavorare sei anni più tardi e finì nel 1719.

Alla fine del XVIII secolo, i dipinti murali apparivano danneggiati dagli effetti del clima britannico e dello smog di Londra. Entro la metà del XIX secolo erano divenuti quasi invisibili. Quando, nel 1853, fu assunto un pittore per ripulirli, i danni erano tali che questi finì col ridipingere gran parte del soffitto. Ciò che si vede oggi, dunque, non è originale, anche se i dipinti sono copiati dai disegni di Thornhill.

Le gallerie

La cupola è tra le più grandi del mondo, paragonabile a quella di San Pietro a Roma. Per impedire che apparisse come un imbuto scuro, Wren fece la cupola interna molto più bassa di quella esterna.

La Whispering Gallery si svolge attorno all'interno e si trova a 259 gradini da terra. Prende il nome da una deliziosa bizzarria, un effetto acustico per il quale ciò che si sussurra contro i muri si sente dall'altro capo.

La ringhiera decorativa della galleria fu disegnata e realizzata dall'artista francese Jean Tijou, che creò anche le belle cancellate dell'altare maggiore. Tijou lavorò in alcune delle più grandi dimore del paese, tra cui Hampton Court Palace. A differenza di molti artisti, Tijou sapeva utilizzare il proprio talento anche in modi più pratici. Infatti realizzò anche le resistenti catene di ferro utilizzate da Wren per assicurare le impalcature attorno alla cupola.

Ci sono due gallerie più alte che circondano l'esterno della cupola, la Stone Gallery (galleria di pietra), a 53,4 metri di altezza, raggiungibile salendo 378 gradini, e la molto più piccola Golden Gallery (galleria dorata), attorno al punto più alto della cupola esterna, a 85,4 metri di altezza e a 530 gradini da terra.

Mentre venivano costruite la cupola e le gallerie, Wren veniva portato su e giù in una cesta per sorvegliare i lavori, almeno una volta alla settimana. Aveva 76 anni quando la costruzione fu completata nel 1708 e guardò suo figlio porre l'ultima pietra.

Pagina a fianco
Il coro e l'altare maggiore

In questa pagina
L'organo sul lato destro del coro

STOP ALL'ORGANO

Una volta Mendelssohn continuò a suonare l'organo così a lungo dopo la funzione, e i fedeli erano talmente riluttanti ad andarsene, che il personale della cattedrale decise di concludere bruscamente l'esibizione lasciando uscire l'aria dallo strumento.

Il coro

Al tempo in cui fu costruita la cattedrale era consuetudine che la navata centrale e il coro fossero separati da una transenna. St Paul aveva un'elaborata transenna sormontata dall'organo, che non piaceva a Wren perché bloccava la visuale della lunghezza della chiesa.

Nel corso dei secoli, l'organo è stato spostato, ricostruito e modificato diverse volte. Uno dei maggiori cambiamenti avvenne nel 1871, quando la transenna fu rimossa e lo strumento venne diviso in due parti.

L'organo, istallato nel 1695, fu costruito per la cattedrale da un tedesco noto come Padre Schmidt. Per tradizione l'artigiano capo che fabbricava organi veniva chiamato per deferenza Padre. Schmidt si rese inviso a Wren lavorando troppo lentamente e appiccando quasi fuoco alla cattedrale. Inoltre richiese modifiche dei progetti per far posto all'enorme strumento, a quanto pare facendo sbottare Wren: 'Non apporterò modifiche alla mia chiesa per una scatola di fischietti.'

L'organo migliorò considerevolmente con l'istallazione di una serie di canne, note come il coro diapason, che introducono musica nella parte posteriore della cattedrale, in modo da annullare l'eco di nove secondi e da aiutare i fedeli sul retro a cantare di conserto con quelli nella parte anteriore.

I compositori Handel e Mendelssohn suonarono entrambi l'organo in diverse occasioni. Per Handel l'attrattiva principale era costituita dai pedali, una rarità nel XVIII secolo. Mendelssohn preferiva la pedaliera in do, che migliorava la sua interpretazione di Bach.

Lo storico della musica George Burney scrisse: 'Handel, dopo le preghiere delle tre, era spesso solito farsi...chiudere nella chiesa...e d'estate sovente rimaneva in maniche di camicia e suonava fino alle otto o alle nove di sera.'

Benché l'organo abbia subito numerose trasformazioni, conserva la cassa originale, intagliata con caratteristica finezza dallo scultore anglo-olandese Grinling Gibbons, che creò pure le squisite decorazioni degli stalli del coro. Si dice che per queste avesse ricevuto la somma di 33 scellini, equivalenti a circa 128 sterline odierne.

'Nessun uomo prima di Gibbons ha saputo ricreare in legno la leggerezza ariosa dei fiori...con il libero disordine naturale di ciascuna specie,' scrisse un commentatore.

Sulla destra del coro c'è un pulpito moderno in legno intagliato di quercia e di tiglio, istallato nel 1964 in occasione del 250° anniversario del completamento della cattedrale.

Nel coro si trova pure la cattedra, o seggio episcopale, profusamente decorata con fiori, foglie, ghirlande e cherubini alati. Ne fa parte una sedia dallo schienale alto con l'emblema del vescovo Compton, che predicò nella prima funzione celebrata nella cattedrale.

L'altare maggiore

L'altare originale della cattedrale era un semplice tavolo di legno, che non era sufficientemente imponente per i gusti vittoriani. Perciò, nel 1888, fu collocato al centro del coro un grande altare decorato, sormontato da un monumentale dossale di marmo.

Vi restò per poco più di cinquant'anni, perché nel 1940 una bomba colpì il coro, danneggiando il dossale, che dovette essere rimosso. Dopo la guerra fu tolto anche il resto dell'altare.

L'attuale altare maggiore fu istallato nel 1958, sia come centro di culto sia come monumento commemorativo da parte del popolo britannico per i 335.451 cittadini del Commonwealth uccisi nelle guerre mondiali.

La base è una lastra di marmo italiano del peso di quattro tonnellate, e lo stupendo baldacchino si basa su un disegno di Wren, disapprovato dai sacerdoti del tempo in quanto offensivamente ornamentale. Sormonta la struttura una statua dorata di Cristo con la mano destra tesa a benedire.

Ai lati dell'altare si trovano due enormi candelabri intagliati, copie di una coppia commissionata dal cardinale Wolsey nel XVI secolo per la propria tomba.

Il cardinale, però, ebbe un litigio con il re Enrico VIII, che confiscò il sarcofago e i candelabri ancora incompleti.

Questi vennero poi finiti, con l'aggiunta degli emblemi di Enrico VIII (rose e stemma dei Tudor) e in seguito venduti a una cattedrale belga dal repubblicano Oliver Cromwell nel XVII secolo. Ne esistono copie anche nella cappella di S. Giorgio al castello di Windsor e nel Victoria & Albert Museum di Londra.

Il sarcofago di Wolsey fu conservato nel castello di Windsor fino alla vittoria e alla morte dell'Ammiraglio Nelson nella battaglia di Trafalgar nel 1805, quando fu ritenuto appropriato ad un eroe nazionale. Fu allora rimossa la tiara cardinalizia che vi era stata scolpita in origine, che venne sostituita con una corona da visconte prima della sepoltura di Nelson nella cripta di St Paul.

IL RESTAURO DEI DANNI

La bomba che cadde attraverso il tetto del coro nel 1940 provocò danni notevoli alla parte orientale della cattedrale, oltre che all'altare. Come parte delle opere di restauro fu creata la cappella commemorativa americana, finanziata dal popolo britannico.

Nel 1945 fu lanciato un appello per i fondi, che comprendeva un breve filmato fatto dal Decano di St Paul. Dopo la proiezione nei cinema di tutto il paese, donne del Women's Royal Voluntary Service raccoglievano le offerte.

Queste, dagli assegni di ricche società agli spiccioli dei bambini di un orfanotrofio, raggiunsero l'ammontare di oltre 57.000 sterline, l'equivalente di 1.280.000 di sterline odierne.

In questa pagina
L'altare maggiore, che è anche un monumento commemorativo di guerra

Pagina a fianco
Veduta della cattedrale dal fondo

THIS CHAPEL COMMEMORATES THE COMMON SACRIFICES OF
THE BRITISH AND AMERICAN PEOPLES DURING THE SECOND
WORLD WAR AND ESPECIALLY THOSE AMERICAN SERVICE MEN
WHOSE NAMES ARE RECORDED IN ITS ROLL OF HONOUR
THIS TABLET WAS UNVEILED BY H. M. QUEEN ELIZABETH II
ON 26 NOVEMBER 1958 IN THE PRESENCE OF RICHARD M. NIXON
THE VICE PRESIDENT OF THE UNITED STATES OF AMERICA

I mosaici

Durante la seconda metà del XIX secolo, la maggior parte del clero concordò che l'interno della cattedrale aveva bisogno di essere rinnovato. Nel 1858 il Decano Henry Hart Milman scrisse: '...invece di avere un interno dall'aspetto freddo, cupo, poco edificante e indecoroso, la cattedrale dovrebbe averne uno degno della sua grandiosità e della sua bellezza esterne... Mi piacerebbe che la cupola, invece di incombere come un peso morto sullo spazio sottostante, espandesse ed elevasse l'anima al cielo.'

Si dimostrò però arduo trovare i fondi necessari e sviluppare un piano che andasse bene a tutti. Ne vennero proposti e discussi parecchi, tra cui quello di aggiungere del colore ai dipinti murali della cupola.

Finalmente, nel 1864, venne inserito il primo mosaico su uno dei pennacchi, gli spazi triangolari tra gli archi e la curvatura della cupola. Il mosaico, disegnato da Alfred Stevens, che stava lavorando al monumento a Wellington, rappresenta il profeta Isaia. Stevens disegnò altri tre mosaici per i pennacchi, anch'essi raffiguranti dei profeti. Un altro artista, George Frederick Watts, produsse altri due disegni, di S. Giovanni e S. Matteo.

Il mosaico di S. Matteo di Watts fu successivamente messo in opera, ma toccò ad un terzo artista, WEF Britten, completare le quattro figure restanti e aggiungerne altre due, quelle di S. Marco e S. Luca, con un processo che durò cinque anni, dal 1888 al 1893. Il fatto che gli otto

mosaici sembrino tutti realizzati dalla stessa mano testimonia l'abilità di Britten.

I mosaici nella parte orientale della cattedrale e nei quattro archi d'angolo della cupola furono commissionati nel 1891, per completare lo splendore del nuovo altare. Sono opera di William Blake Richmond, che portò a termine l'ultima parte nel 1904.

Mentre le tessere di vetro dei mosaici sui pennacchi erano state fabbricate a Murano, quelle di Richmond vennero fatte interamente a Londra. Oltre due centimetri di pietra dovettero essere tagliati per poterle inserire.

Durante la seconda guerra mondiale una bomba danneggiò una sezione di mosaico nella volta squadrata sopra al coro. Fu riparata nel 1959 con l'aiuto di artigiani italiani, uno dei quali disse alla nipote di guardare attentamente gli angeli, se si fosse mai recata a St Paul. Quando lei finalmente vi andò, vide che il nonno aveva dato ad uno il volto della moglie, e durante tutta la visita continuò a fissarlo e a piangere in silenzio.

I transetti

La luce del mondo di William Holman Hunt, nel transetto sinistro, è uno dei pochi dipinti rimasti a St Paul; la maggior parte degli altri furono tolti per essere conservati al sicuro durante la seconda guerra mondiale e non furono mai riportati. L'artista, ora sepolto nella cripta, fu tra gli iniziatori del movimento preraffaellita.

La luce del mondo è uno dei dipinti più copiati del mondo, e l'artista stesso lo rifece tre volte.

La prima versione, dipinta alla luce della luna, si trova nel Keble College di Oxford. Irritato dal fatto che il college non intendeva esporla al pubblico, Hunt dipinse una seconda versione, che si trova ora nella Civic Art Gallery di Manchester. L'armatore Charles Booth commissionò la terza versione, gran parte della quale fu dipinta dagli allievi di Hunt, all'epoca settantenne e quasi cieco. Booth la presentò a St Paul nel 1908.

Nel transetto destro si trova il monumento funebre all'Ammiraglio Horatio Nelson, uno degli eroi più romantici della Gran Bretagna. Nelson salpò per la prima volta a 12 anni. Suo zio scrisse: 'Che cosa ha fatto di male il povero Horace, così debole, per essere...mandato a far la dura vita di mare?'

Nel monumento un mantello copre la parte dove dovrebbe essere il braccio destro di Nelson, amputato dopo essere stato ferito nel 1797. Tre anni dopo Nelson perse la vista dell'occhio destro, ma non portò mai una benda, contrariamente alla tradizione.

Nella vita di Nelson ci fu anche una tragica storia d'amore. Abbandonò la moglie Fanny per Lady Emma Hamilton, la donna che chiamava 'amata Emma, cara amica del mio cuore'.

Gli amanti ebbero una figlia, Horatia, la cui nascita fu tenuta segreta. Nelson fece un'aggiunta al proprio testamento poco prima della sua ultima battaglia, chiedendo che la nazione provvedesse alla sua famiglia illegittima, 'che amo come la mia stessa vita'. Il testamento finiva così: 'Questi sono gli unici favori che chiedo al mio re e al mio paese nel momento in cui sto andando a combattere per loro.'

Purtroppo Emma e Horatia non ricevettero nulla.

COME SOLLEVARE IL COPERCHIO DEL FONTE BATTESIMALE

Un fonte battesimale contiene l'acqua per il battesimo, la cerimonia che accoglie formalmente una persona nella comunità cristiana. Il fonte di St Paul fu realizzato nel XVIII secolo da Francis Bird, che scolpì il bassorilievo al di sopra dell'entrata della cattedrale. Il coperchio è così pesante che è necessario un paranco per sollevarlo. Uno sportello, detto 'Fetta di torta', agevola l'accesso.

Pagina a fianco
In alto: Mosaici nelle cupole sopra il coro, raffiguranti scene della creazione del mondo
In basso: Particolare dei mosaici del coro, con uno degli angeli: 'Le stelle del mattino della creazione dei primi figli di Dio'
In questa pagina
Il monumento a Nelson

SACERDOTE E POETA

John Donne, che fu Decano di St Paul, è più noto come poeta. Scrisse i citatissimi versi 'Non chiedere mai per chi suona la campana; suona per te', e 'Nessun uomo è un'isola'.

In questa pagina
In alto: Le cancellate dorate di Tijou
In basso: L'effigie di John Donne

Pagina a fianco
La cappella commemorativa americana

Il deambulatorio e la cappella commemorativa americana

Nel passaggio attorno al coro sono chiaramente visibili i mutamenti nella vita e nell'aspetto della cattedrale. L'arte moderna, come la scultura *Madonna col Bambino* di Henry Moore, del 1984, nella navata a sinistra del coro, si erge orgogliosa in un ambiente più antico di molti secoli, mentre la cappella commemorativa americana, del XX secolo, si fonde nella struttura ottocentesca dell'edificio.

Vicino alla scultura di Moore sono due paia di cancellate di ferro battuto realizzate da Jean Tijou nel 1700 circa nello stravagante stile barocco. Le cancellate dorate tra le navate e il coro facevano parte della transenna dell'organo fino alla fine del XIX secolo, mentre le cancellate dei candelabri, ai due capi del deambulatorio, sono nella posizione originale.

Dietro l'altare maggiore si trova la cappella commemorativa americana, un monumento alle migliaia di americani che, durante la seconda guerra mondiale, vennero uccisi mentre erano in viaggio verso il Regno Unito, o qui di stanza.

L'aviazione militare statunitense avanzò per la prima volta l'idea di un monumento commemorativo centrale, e il Decano di St Paul offrì la cattedrale allo scopo. 'Non sta a voi, ma a noi, erigere un tale monumento' disse Lord Trenchard, presidente della Commissione angloamericana, così la cappella divenne un tributo del popolo britannico, che contribuì ad una raccolta nazionale di fondi.

La sua gratitudine è ricordata nell'iscrizione che borda il pavimento di marmo: 'Agli americani morti nella seconda guerra mondiale da parte del popolo della Gran Bretagna.'

La cappella è ricca di simboli, per esempio un pellicano nella finestra centrale suggerisce il sacrificio personale dei morti, affinché altri possano vivere in pace e in libertà.

La balaustra dell'altare, che riflette le cancellate di Tijou, segue lo stesso tema. In mezzo a una profusione di foglie di quercia inglese, dei rotoli di carta rappresentano il comune retaggio culturale di Gran Bretagna ed America, mentre riferimenti alla vita di Mosè alludono ai tanti ebrei che combatterono in guerra.

Il generale Eisenhower, futuro presidente, chiese di poter presentare una lista d'onore, con i nomi degli uomini e delle donne commemorati nella cappella. Nel 1951 fu consegnato un manoscritto illustrato di 500 pagine, una cui copia è a disposizione dei visitatori perché vi possano cercare i nomi dei loro cari.

Nella navata destra del deambulatorio c'è l'effigie di John Donne, l'unica statua di St Paul sopravvissuta intatta al grande incendio. Donne compose alcuni tra i più complessi versi d'amore in lingua inglese, molti per la moglie, Anne, con cui era fuggito quando lei aveva solo 17 anni. 'John Donne, Anne Donne, un-done', (John Donne, Anne Donne, misfatto) scrisse dello scandalo così suscitato.

Dopo la morte di parto della moglie, Donne divenne sempre più morboso. Durante la sua ultima malattia, volle avvolgersi in un lenzuolo, a simulare un sudario, mentre posava per la propria effigie, che tenne poi presso il letto per ricordarsi del proprio destino.

La scelta di Donne era fuori del comune, ma grazie ad essa la statua non aveva braccia e gambe che potessero spezzarsi quando cadde nella cripta durante il grande incendio e i bombardamenti della seconda guerra mondiale.

DEAD OF THE SECOND WORLD WAR

La cripta

Il pavimento della cripta era in origine semplicemente di terra; le bare vi venivano seppellite e vi veniva posta sopra una pietra. Durante l'epoca vittoriana, però, quando iniziò la tradizione di visitare la cripta, oltre alla chiesa, fu deciso che era necessario un pavimento vero e proprio.

Per risparmiare denaro e, forse, salvare le anime delle operaie coinvolte, le autorità della cattedrale impiegarono carcerate della prigione di Woking per mettere in posa il pavimento a mosaico. Non c'è dunque da stupirsi che inizialmente non fossero particolarmente abili nel lavoro, ma la qualità migliorò a mano a mano che avanzavano nella cripta.

I vittoriani introdussero anche un sistema di riscaldamento nella cripta, bruciando legna in bracieri e successivamente utilizzando l'olio come combustibile. I fuochi riscaldavano l'aria, che saliva nella chiesa soprastante attraverso grosse griglie di bronzo. Ancor oggi la cattedrale viene riscaldata dal basso.

L'intera parte orientale della cripta era nota come chiesa di St Faith, o St Faith sotto St Paul. Fino all'incendio di Londra, St Faith era stata una parrocchia annessa alla vecchia St Paul, ed era la chiesa della Worshipful Company of Stationers, la corporazione dei librai e degli editori. La corporazione si riunisce qui ancor oggi, in occasioni speciali, nella cappella dell'Ordine dell'Impero Britannico.

L'Ordine dell'Impero Britannico, OBE, fu creato nel 1917 perché il re Giorgio V voleva dare un riconoscimento ufficiale al contributo delle donne nella prima guerra mondiale. Fino ad allora nessuna donna era mai stata decorata, benché fosse stata fatta un'eccezione per Florence Nightingale, fondatrice della professione infermieristica moderna in Gran Bretagna, che ricevette la medaglia al merito. Nel 1918 l'Ordine dell'Impero Britannico fu suddiviso in militare e civile.

Oggi i detentori dell'OBE hanno il diritto di sposarsi e di far battezzare i membri della propria famiglia nella cappella.

Nel soffitto della cappella è incastonata una conchiglia d'oro, l'emblema di S. Giacomo il grande. Il santo morì a Gerusalemme, ma secondo la leggenda il suo corpo finì a Santiago de Compostela, nel nord-ovest della Spagna. I pellegrini che si recavano a Santiago portavano tra i capelli una conchiglia per mostrare di aver compiuto il viaggio fino al santuario.

Attorno alla cappella dell'OBE sono le tombe e i monumenti funebri di molti personaggi famosi delle arti e delle scienze, tra cui Wren, sepolto nella navata sudorientale. Wren non voleva un monumento funebre, forse ritenendo che la cattedrale fosse il miglior monumento alla sua vita e al suo lavoro.

Altri monumenti vicini ricordano gli svariati talenti di Wren. Accanto ai tributi a membri della Royal Academy, l'istituzione che promuove lo studio delle arti, vi sono quelli a membri dell'equivalente istituzione in campo scientifico, la Royal Society, di cui Wren fu socio fondatore.

Tra i personaggi del mondo delle arti qui sepolti figura Sir Joshua Reynolds, pittore e primo presidente della Royal Academy. Tra quelli ricordati da monumenti commemorativi sono il compositore Ivor Novello, lo scrittore e caricaturista Max Beerbohm, l'architetto Sir Edwin Lutyens, l'artista Sir Anthony Van Dyck, l'artista e poeta William Blake, e il pittore di paesaggi John Constable.

Tra i monumenti commemorativi a scienziati e ad altri personaggi che hanno contribuito alla vita del paese sono il farmacista e filantropo Henry Wellcome, il sacerdote e studioso del XIV secolo John Wycliffe, che tradusse la Bibbia in inglese, e Florence Nightingale.

Vicino all'entrata destra ci sono i tributi a giornalisti di guerra, tra cui quello all'uomo definito il padre del giornalismo di guerra, Sir William Howard Russell. Fu il primo giornalista a inviare descrizioni dal vivo di scene di battaglia, e fece i suoi primi reportage dalla guerra in Crimea, il conflitto in cui divenne famosa Florence Nightingale.

GUARDATI ATTORNO

Il figlio di Wren, Christopher, scrisse l'epitaffio che appare in forma estesa sul pavimento sotto la cupola e in forma abbreviata sulla sua tomba. Dice in latino: 'Qui giace il fondatore di questa chiesa e di questa città, Christopher Wren, vissuto più di 90 anni, non per se stesso ma per il bene pubblico. Se tu che leggi stai cercando un monumento alla sua memoria, guardati attorno.'

Pagina a fianco
La cappella dell'OBE

In questa pagina
In alto: Monumento commemorativo a Florence Nightingale
In basso: La tomba di Wren

Eroi nazionali

Nel cuore della cripta giacciono due grandi figure militari, il Duca di Wellington e l'Ammiraglio Nelson, circondati da tributi ad altri che diedero la vita per il proprio paese.

Wellington riposa in un sarcofago di granito della Cornovaglia, semplice in contrasto con l'elaborato monumento che si trova nella cattedrale. Benché fosse un eroe nazionale, non si gloriava delle sue vittorie. 'Solo una battaglia persa è più triste di una battaglia vinta' scrisse in un dispaccio del 1815, l'anno in cui sconfisse Napoleone a Waterloo.

Il Duca, detto il Duca di Ferro per le sue instancabili attività belliche, ha dato il nome in inglese ad una serie di oggetti svariati: gli stivaloni di gomma, il piatto di manzo alla Wellington e perfino una marca di sigari. Creò inoltre alcune espressioni memorabili.

Si deve a lui la frase inglese che significa '... e ancora un'altra cosa'. Dichiarò poi: 'La battaglia di Waterloo è stata vinta sui campi da gioco di Eton.' Disse inoltre 'circostanze al di fuori del mio controllo', e la frase immortale: 'Pubblica e sii maledetto'.

Le bandiere attorno alla tomba di Wellington furono confezionate per il suo corteo funebre. In origine ce n'era una per la Prussia, che fu tolta durante la prima guerra mondiale e non fu mai riportata.

Sui muri vi sono monumenti commemorativi a feldmarescialli della seconda guerra mondiale, tra cui uno a Sir Claude Auchinleck. Quando gli fu dedicato questo monumento, Sir Claude era emigrato in Africa. Finalmente un ufficiale si rese conto che il suo decesso non era stato confermato. Quando Sir Claude fu rintracciato, gli fu inviata una lettera di scuse, alla quale rispose con una punta d'ironia che non era offeso e che il tempo avrebbe rettificato l'errore.

L'Ammiraglio Nelson giace nel mezzo della cripta, proprio sotto il centro della cupola. Sul suo monumento è iscritta un'invocazione, che scrisse guardando i nemici prima della battaglia di Trafalgar nel 1805: 'Possa il gran Dio che venero dare al mio paese, a beneficio dell'Europa tutta, una grande e gloriosa vittoria, che non sia macchiata dalla scorrettezza di alcuno, e dopo la vittoria possa un senso di umanità dominare nella flotta britannica. Quanto a me, affido la mia vita al mio Creatore. Possa la Sua benedizione illuminare i miei sforzi per servire fedelmente il mio paese. A Lui affido me e la giusta causa che devo difendere. Amen. Amen. Amen.'

Nelson fu ucciso durante la battaglia, ma era pronto a tale evento e aveva con sé la sua bara, fatta con l'albero maestro di una nave francese affondata in una delle sue vittorie precedenti, che teneva appoggiata dietro la scrivania.

La sua salma doveva essere conservata per il viaggio di ritorno in patria, per cui fu immersa in brandy francese. A Gibilterra fu trasferita con la bara in un sarcofago rivestito di piombo e messa a bagno in vino distillato. Quando le spoglie così trattate arrivarono in Inghilterra, furono trasferite in due altre bare, prima di essere deposte nella cripta, nel sarcofago del XVI secolo del cardinale Wolsey.

Insieme a Wellington e a Nelson sono commemorate molte altre personalità militari, individualmente e in gruppi. Vicino ai grandi eroi sono ricordati i caduti di questo secolo nella guerra boera, a Gallipoli, in Corea, nell'Atlantico meridionale e nel Golfo.

In una navata laterale si trovano le tombe dell'Ammiraglio Conte David Beatty e dell'Ammiraglio Conte John Jellicoe, che avevano litigato per la sconfitta della battaglia dello Jutland nel 1916, ma finirono sepolti fianco a fianco. Non lontano è un tributo all'Ufficiale pilota William Fiske, un americano che si unì all'aviazione militare britannica durante la seconda guerra mondiale e morì nella battaglia d'Inghilterra. L'iscrizione sul suo monumento dice: 'Un cittadino americano morto affinché l'Inghilterra vivesse'.

Ci sono anche monumenti commemorativi più recenti, tra cui un tributo al Professor Gordon Hamilton-Fairley, ucciso da una bomba in un attacco terroristico nel 1975. È ricordato con la frase commovente: 'Non importa come muoia un uomo, ma come vive.'

Pagina a fianco
La tomba di Nelson

In questa pagina
In alto: Monumento commemorativo ai militari che parteciparono alla campagna di Gallipoli
In basso: Il sarcofago di granito di Wellington

Il tesoro

Nel corso dei secoli, molti tesori della cattedrale sono andati perduti. Nel 1810, in una rapina particolarmente disastrosa, fu rubata la maggior parte degli oggetti d'oro e d'argento di St Paul. Di conseguenza, molti pezzi esposti oggi nel tesoro appartengono alle chiese di Londra, che hanno prestato a St Paul più di 200 vasi sacri ed accessori da cerimonia.

Comunque, ogni tanto, la cattedrale fa delle aggiunte alla collezione. Uno splendido piviale ricamato del 1977 fu confezionato per una cerimonia di ringraziamento per il 25° anniversario di regno della regina Elisabetta, durante la quale fu indossato dal vescovo di Londra Gerald Ellison.

Sul piviale sono ricamate le cuspidi di 73 chiese di Londra e di tre chiese associate alla monarca piuttosto che al corpo ecclesiastico. St Paul è raffigurata al centro della parte posteriore.

Oltre al piviale e ad altri paramenti sacri, fanno parte del tesoro diversi modelli della sezione della cupola e della cattedrale. C'è anche una rappresentazione della vecchia St Paul e della cattedrale odierna. Tra gli altri oggetti figurano un'immagine dell'organo nella sua posizione originale sopra la transenna e una del dossale dell'altare vittoriano, tolto dopo la seconda guerra mondiale.

Su di un lato si trovano due effigi precedenti al grande incendio, che sembrano di legno, ma sono in realtà di pietra. In origine erano dipinte a colori vivaci, ma il calore del fuoco fuse la vernice, dando alla superficie l'aspetto del legno di quercia levigato.

Vicino al tesoro, dei tabelloni illustrano il grande incendio ed i danni da esso provocati, con un resoconto storico di come il fuoco, divampato in una panetteria di Pudding Lane, distrusse due terzi della City di Londra.

Il triforio

Il triforio è una galleria. Il termine significa 'costituito da tre parti', con riferimento alle tre parti della cattedrale costituite dalla navata centrale, dalle navate laterali e dalla galleria soprastante.

Uno dei gioielli del triforio è la biblioteca della cattedrale, una stanza rivestita con pannelli di legno, rimasta praticamente inalterata da quando fu finita nel 1709. Come nelle altre aree più pubbliche di St Paul, è evidente una grande cura dei dettagli e degli elementi ornamentali. Sulle lesene di pietra presso le finestre, per esempio, sono intagliati libri e penne d'oca.

La biblioteca contiene circa 13.000 volumi, oltre a scaffali di sermoni, opuscoli e spartiti, molti scritti per il coro della cattedrale. Queste opere, quasi 30.000 in tutto, sono a disposizione degli studiosi su appuntamento.

Tra i tesori della biblioteca figura una Bibbia illustrata di Norimberga del 1649. Un'altra risale al XVI secolo, ed appartenne a Thomas Cranmer, l'arcivescovo di Canterbury che aiutò Enrico VIII ad ottenere il primo divorzio. L'opera più antica della biblioteca è un messale scritto a mano più di 800 anni fa e usato nella vecchia St Paul, mentre il volume più raro è la prima edizione del Nuovo Testamento di William Tyndale, del 1525, di cui esistono soltanto tre copie al mondo.

Sopra l'entrata principale si vedono le trombe reali e il coro diapason. Le trombe furono istallate in occasione del 25° anno di regno della regina Elisabetta nel 1977; si dice che il loro suono fosse così forte da farla trasalire, e da allora non sono più state usate in sua presenza.

La Sala dei Trofei contiene i modelli superstiti dei progetti di Wren e riproduzioni dei suoi disegni. Il pezzo più importante è il Gran Modello della cattedrale a croce greca disegnata da Wren, completato nel 1674 e costato 600 sterline, il prezzo di una bella casa di Londra a quel tempo, equivalente all'incirca a 44.350 sterline odierne.

Accanto alla Sala dei Trofei c'è un disegno della sezione trasversale di St Paul, eseguito durante i lavori di restauro svoltisi nella cattedrale dal 1923 al 1928. Nel triforio ci sono molte altre immagini e sculture, che delineano la storia di St Paul e di coloro che vi sono stati coinvolti.

• *Chi desideri fare una visita guidata del triforio è pregato di telefonare allo 0171-246 8319 per prenotarla.*

SEGNALIBRI

Al di sopra dell'ufficio del bibliotecario c'è questa iscrizione: 'Non c'è fine alla creazione di tanti libri', particolarmente appropriata ora che l'intera collezione viene catalogata per la prima volta.

Pagina a fianco
In alto: Alcuni dei 200 oggetti sacri del tesoro
In basso: Oggetti d'argento del tesoro

In questa pagina
In alto: Il Gran Modello
In basso: L'interno della biblioteca

L'esterno e il cimitero

Wren voleva che St Paul avesse un'entrata su un unico livello, sostenuta da una serie di colonne in stile classico, ma non si trovarono pietre di dimensioni adatte. Allora l'architetto divise il porticato su due livelli, con quattro paia di colonne nella parte superiore e sei in quella inferiore. Aggiunse inoltre una balconata al livello superiore, nella speranza, si dice, che il vescovo di Londra la utilizzasse per benedire le folle, come il Papa a Roma.

Al di sopra dell'entrata c'è un bassorilievo raffigurante la conversione di S. Paolo al cristianesimo. In cima si trova la statua di S. Paolo. Entrambi furono scolpiti da Francis Bird, che si occupò di gran parte dell'esterno della cattedrale, oltre a creare la statua della regina Anna, regnante quando fu finita la costruzione. La statua si andò gradualmente deteriorando, finché non fu sostituita, nel 1885, dalla versione che si trova oggi davanti all'edificio.

Bird scolpì pure le due statue poste ai lati di S. Paolo, S. Giacomo a destra e S. Pietro a sinistra, che fanno parte di una serie di sculture collocate attorno alla cattedrale.

Il porticato è fiancheggiato da due torri gemelle, ciascuna coronata da un ananas, simbolo di pace, prosperità ed ospitalità. La porta della torre di nord-ovest veniva usata per accedere alla sala capitolare, centro amministrativo della cattedrale, costruita da Wren in mattoni rossi dopo aver completato la cattedrale. La sala capitolare fu gravemente danneggiata da una bomba durante l'offensiva aerea tedesca e fu completamente ricostruita negli anni cinquanta.

Vicino alla sommità della torre di sud-ovest si trova l'orologio, con tre facce, ognuna del diametro di oltre cinque metri. Fu istallato dalla ditta John Smith and Sons di Derby nel 1893.

Al di sopra dell'orologio ci sono Great Tom, la campana delle ore, e Great Paul, la più grande campana oscillante d'Europa. Great Paul, più antica della cattedrale, viene talvolta chiamata la campana del richiamo, perché veniva suonata per richiamare al lavoro gli apprendisti dopo la pausa del pranzo. Suona tuttora ogni giorno all'una. Great Tom batte le ore e rintocca anche per la morte di reali e di

LA BALLATA DI BRANDY NAN

Il fatto che la statua della regina Anna voltasse le spalle alla cattedrale di St Paul fu causa di aspre critiche, come questi popolari versi dei primi del XVIII secolo:

'Brandy Nan, Brandy Nan,
In asso piantata ti han.
Hai di fronte le botteghe di gin,
E volti le spalle alla chiesa, alfin.'

Pagina a fianco
Veduta notturna di St Paul

In questa pagina
In alto: La statua di S. Paolo di Bird
In basso: Il magnifico porticato

prelati di alto rango. Fu offerta alla cattedrale nel 1716. Le altre 12 campane, che vengono suonate a distesa, si trovano nella torre di nord-ovest.

Il porticato semicircolare del transetto sinistro si ispira all'entrata della chiesa di Santa Maria della Pace a Roma. Wren non si era mai recato a Roma, ma aveva visto stampe raffiguranti l'edificio.

Sul lato destro, il punto focale è il bassorilievo posto sul frontone sopra il portale del transetto destro. Rappresenta una fenice, l'uccello mitologico che moriva tra le fiamme per poi risorgere. Ha un doppio significato simbolico: la resurrezione di Cristo dopo la crocifissione e la costruzione della cattedrale, sorta sulle ceneri della vecchia St Paul.

Il cimitero è dominato dal Cross Memorial di St Paul. La colonna, sormontata da una statua dorata di S. Paolo, commemora un pulpito all'aperto che per secoli giocò un ruolo importante nella vita di Londra, prima di andare distrutto nel grande incendio del 1666.

Vicino c'è una statua di John Wesley, fondatore del metodismo, che andava a pregare regolarmente a St Paul nel XVIII secolo.

Le inferriate lungo il perimetro settentrionale del cimitero suscitarono l'ira di Wren, che le trovava 'brutte, stravaganti e decisamente inadatte', ma sono ora ritenute di gran valore, in quanto rappresentano uno dei primi esempi di lavori in ferro battuto del paese.

La cattedrale oggi

Con almeno quattro funzioni al giorno, più di due milioni di visitatori all'anno, una scuola ed un coro famosi in tutto il mondo e molteplici edifici, St Paul è complessa quanto una grande azienda.

Dietro le maestose facciate, centinaia di persone si adoperano in svariate attività, come la tutela e la sicurezza degli edifici, l'insegnamento e la scultura. Si dividono in tre categorie: il clero, altro personale pagato e i volontari.

Dipendono tutti dal Decano e dal Capitolo, cioè cinque sacerdoti anziani che fungono da consiglio d'amministrazione dell'impresa e sono responsabili di ogni aspetto dell'organizzazione quotidiana.

Il Decano è il presidente, fiancheggiato da quattro canonici, tra cui l'Arcidiacono di Londra. Il loro compito principale è provvedere quotidianamente al culto, con funzioni alle 7.30, alle 8, alle 12.30 e alle 17. L'ultima funzione vespertina è la più popolare, cui partecipano spesso fino a 300 persone.

Il Decano e il Capitolo sono affiancati dal Collegio dei canonici minori, costituito da tre giovani sacerdoti che organizzano e celebrano le funzioni.

Al Capitolo competono ruoli amministrativi oltre ai doveri religiosi. L'Arcidiacono rappresenta il legame principale con la City di Londra ed è responsabile delle sue parrocchie, che sono oltre 30. Gli altri tre canonici, che abitano in case facenti parte del complesso della cattedrale, sono: il Maestro del coro, responsabile del culto, della musica e della scuola di canto corale; il Tesoriere, responsabile dei monumenti, dei tesori e delle celebrazioni speciali; il Cancelliere, che si occupa dell'istruzione, della biblioteca, del turismo e del marketing.

Il Decano e il Capitolo si incontrano ogni quindici giorni per programmare l'organizzazione della cattedrale, e delegano i vari compiti a 158 dipendenti, tra cui sagrestani, addetti al servizio d'ordine, personale del negozio e degli uffici.

Ci sono, inoltre, 30 prebendari, sacerdoti di Londra che fungono da direttori senza potere esecutivo di St Paul. Una volta all'anno, il 25 gennaio, giorno di S. Paolo, partecipano ad una riunione generale con il Decano e il Capitolo. Non sono retribuiti, ma spetta loro uno stallo nel coro.

Il vescovo di Londra non riveste alcun ruolo nell'organizzazione quotidiana di St Paul, anche se il suo seggio episcopale si trova qui. Viene però invitato regolarmente a predicare e ad assistere a celebrazioni speciali. Il suo ruolo principale è di guida della Chiesa Anglicana nella zona di Londra a nord del Tamigi.

La manutenzione di St Paul

I lavori di riparazione, restauro e miglioramento di St Paul sono un processo continuo che rappresenta circa il 40 per cento delle uscite annuali della cattedrale.

Le opere di restauro vengono effettuate secondo un programma venticinquennale, che viene riveduto ogni cinque anni. Vi è coinvolta un'ampia gamma di artigiani, dagli scalpellini e dagli scultori a chi si occupa delle impalcature e della pittura.

Un recente progetto di grossa portata ha interessato la cupola. Si è trattato di rimuovere le pietre esterne e controllare, pulire e riparare le catene di ferro battuto che tengono insieme la struttura, che hanno 300 anni, per poi rimettere tutto a posto.

La squadra che si occupa dei lavori di manutenzione comprende anche addetti alle pulizie, elettricisti, guardie giurate, idraulici e operai specializzati negli impianti di riscaldamento, un pittore, un giardiniere, un esperto di tutela dei monumenti e un disegnatore.

I lavori di conservazione e modernizzazione di una grande cattedrale e di ciò che contiene sono, naturalmente, costosi. Solo il funzionamento delle toilette ammonta a 40.000 sterline all'anno, mentre il costo totale annuale della manutenzione si aggira sul milione di sterline. Tali spese vengono coperte con i biglietti d'entrata, sussidi e finanziamenti esterni.

La squadra addetta ai lavori può occuparsene in parte quando la cattedrale è chiusa ma, inevitabilmente, deve spesso operare accanto ai visitatori, che sono fino a 4.000 al giorno, cercando di ridurre al minimo il rumore e il disturbo. Si fermano ogni ora nel momento in cui vengono recitate le preghiere.

A St Paul, però, possono essere sconvolti anche i programmi più accurati. Nel 1997, per esempio, fu scoperto un luogo di sepoltura romano, mentre si costruivano nuovi bagni e docce per il personale.

I lavori furono perciò interrotti, mentre una squadra di archeologi catalogava i resti, fotografava e asportava i reperti.

Data la storia di quest'area, ritrovamenti simili non sono inusitati. I resti umani vengono sempre riseppelliti in terra consacrata e benedetti. Poi i lavori possono continuare.

PIETRA SECOLARE

Nonostante l'età della cattedrale, è ancora possibile reperire il materiale adatto alla manutenzione. Per esempio, la pietra di Portland utilizzata per riparare i muri proviene dalla stessa cava in Dorset usata da Wren tre secoli fa.

Pagina a fianco
Il Decano e il Capitolo: (da sinistra a destra) il Reverendo Canonico Michael Saward, Tesoriere; il Venerabile George Cassidy, Arcidiacono di Londra; il Reverendissimo Dottor John Moses, Decano; il Reverendo Canonico John Halliburton, Cancelliere; e il Reverendo Stephen Oliver, Maestro del coro.

In questa pagina
In alto: Restauro di sculture di legno
Al centro: Scalpellini al lavoro
In basso: Oliatura dell'orologio

La musica

La musica rappresenta un elemento fondamentale nel culto e nella vita di St Paul. Nella cattedrale assume un valore particolare la sua capacità di esprimere le emozioni trascendendo le barriere sociali e culturali, laddove non c'è un'assemblea costante di fedeli, in quanto i visitatori che partecipano alle funzioni provengono dai background e dai paesi più diversi.

Il foglio dei canti esprime così l'influenza unificante della musica: 'Mentre parole e musica si uniscono e si arricchiscono a vicenda, i nostri sensi e il nostro intelletto, il nostro cuore e la nostra mente si avvicinano a Dio.'

La musica, che il compositore Joseph Haydn descrisse nel XVIII secolo come il più bel suono che avesse mai udito, è il risultato di secoli di dedizione e di sforzi da parte di molti musicisti. Oggi ci sono l'organista, il sottoorganista, l'aiuto organista, 18 cantori adulti noti come Vicars Choral e circa 40 giovani coristi.

Questi ultimi sono ragazzi che studiano presso la scuola della cattedrale di St Paul. La scuola attuale si ricollega lontanamente ad una scuola di canto fondata nel 604, al tempo della prima St Paul, ma un coro di ragazzi e uomini fu menzionato per la prima volta nel 1127, e fu solo nel 1263 che fu nominata una persona che si occupasse espressamente dell'addestramento dei ragazzi.

Nel corso dei secoli i ragazzi del coro di St Paul divennero famosi, guadagnandosi una serie di soprannomi: i bambini di Paolo, i monelli di St Paul e i bambini di St Paul.

La loro popolarità variò secondo la politica e l'umore della nazione. Nel XVI secolo estesero le proprie attività al teatro e divennero uno dei gruppi teatrali preferiti di Elisabetta I. La sera si esibivano in palazzi reali, per poi tornare in barca lungo il Tamigi, in tempo per le lezioni del giorno successivo.

Nel XVII secolo, gli avversari del re cercarono di demolire l'organo, e bandirono il coro. Perciò, quando la monarchia fu restaurata nel 1660, c'era una carenza di coristi addestrati.

La nuova St Paul di Wren agì come una calamita per musicisti di ogni sorta, che si stabilirono nel cimitero, e a cui si unirono editori di musica e fabbricanti di strumenti. Diedero i primi concerti pubblici in Inghilterra e appoggiarono il coro in oratori, pezzi semidrammatici di tema religioso.

Nel XIX secolo era divenuto evidente il bisogno di un'istruzione ufficiale per i coristi. Nel 1811, una straordinaria zitella chiamata Maria Hackett decise che dovevano essere istruiti formalmente. Come parte della sua campagna, partecipò a tutte le funzioni di St Paul per 60 anni e si recò in altre cattedrali per porre quesiti a decani e organisti preoccupati. Visse tanto da vedere la nuova scuola del coro terminata nel 1874.

Il coro rimase a Londra durante i bombardamenti della prima guerra mondiale, e ricevette lodi per il coraggio dimostrato cantando durante le incursioni aeree, ma sfollò in Cornovaglia durante la seconda guerra mondiale. Nel 1947 tornò a Londra per le celebrazioni del 250° anniversario della cattedrale. Sei anni dopo cantò alla cerimonia di ringraziamento per l'incoronazione della nuova regina Elisabetta II, e intraprese la prima tournée negli Stati Uniti.

Da allora, la scuola si è trasferita in una nuova sede ad est della cattedrale, ha cominciato ad ammettere ragazzi che non fanno parte del coro, e ad accettare bambini e bambine dai quattro ai sette anni di età. Nel 1997 la parola 'coro' fu omessa dal nome della scuola, per sottolinearne il nuovo ruolo.

Frequentano ora la scuola di St Paul 110 bambini, di età fino ai 13 anni. Vi vengono istruiti 40 coristi, la cui retta è sostenuta dalla cattedrale. Ogni allievo prende lezioni di musica, ma i coristi cantano per 22 ore in più alla settimana, incidono CD e vanno in tournée per il mondo. Negli ultimi dieci anni sono stati in Brasile, Francia, Olanda, Giappone, Spagna e negli Stati Uniti. Alcuni ragazzi sono stati scelti per partecipare ad opere e a spettacoli teatrali, altri incidono CD da soli e appaiono in televisione.

Oggi la musica di St Paul, con la sua lunga tradizione di innovazione e di ispirazione, è invidiata da altre chiese in tutto il mondo. Quando l'arcivescovo di Parigi stava vagliando la possibilità di ripristinare la Scuola del coro di Nôtre Dame, scelse la scuola di St Paul come il modello migliore.

Pagina a fianco
Membri del coro di St Paul (Pasqua 1995)

In questa pagina
In alto: Coristi a lezione di musica
In basso: Domenica di avvento del 1997

MELODIE DIFFICILI DA SOSTENERE

Un coraggioso dipendente riuscì a sottrarre al grande incendio del 1666 'tre fardelli di libri del coro', che pesavano 60 chili. Il repertorio attuale pesa diverse tonnellate e non potrebbe essere trasportato da una sola persona.

Gli Amici di St Paul

Il fuoco aveva distrutto la vecchia St Paul e altre chiese precedenti. Quando, durante la prima guerra mondiale, cominciarono le incursioni su Londra, un gruppo di uomini e donne che amavano l'attuale cattedrale decisero che la storia non si sarebbe ripetuta.

Formarono perciò la St Paul's Fire Watch e montarono la guardia all'edificio per assicurarsi che ogni scintilla provocata dal conflitto venisse spenta prima che potesse causare danni. Si ricostituirono durante la seconda guerra mondiale, invitando parenti ed amici a unirsi a loro. 300 volontari aderirono ad un appello pubblico, e 40 fecero la guardia alla cattedrale ogni notte.

Mary Prendergast, che si unì ai volontari nel 1939, ricorda i problemi nel fare la ronda a 'un edificio così grande, con tanti passaggi complessi sul tetto, angoli e cantucci: una bomba incendiaria poteva essere ovunque, in una fessura o sotto una pietra. Se non fosse stata rimossa prontamente, avrebbe potuto...[causare] un incendio all'interno dell'edificio.'

Il gruppo si sciolse alla fine della guerra, ma i suoi membri, che avevano dimostrato la propria dedizione, volevano fare ancora qualcosa per la cattedrale. Nel 1952 fondarono gli Amici di St Paul, sotto il patrocinio della regina madre.

Oggi esistono 4.000 Amici, che offrono sostegno finanziario e pratico. Metà vengono dal Regno Unito, e l'altra metà da tutto il mondo, tra cui l'Africa, le Americhe, l'Australia, il resto d'Europa, il Giappone e la Nuova Zelanda.

Le sottoscrizioni sono normalmente impiegate per scopi specifici, come la stampa dei fogli per le funzioni. Circa 130 Amici che abitano vicino alla cattedrale sono divenuti anche Amici Lavoratori, e si occupano di dare il benvenuto ai visitatori, vendere guide e dare informazioni. Alcuni sono diventati guide, dopo un corso di addestramento di sei mesi, seguito da un esame. Di solito ci sono da 8 a 15 Amici Lavoratori in servizio.

Una volta all'anno gli Amici tengono un festival di un giorno, che comprende una funzione serale e un recital del coro, di solito alla presenza della regina madre. Inoltre hanno ingresso libero a St Paul, ricevono informazioni sulle manifestazioni della cattedrale, una rivista annuale e due bollettini all'anno sulla cattedrale e sul suo lavoro.

Se siete interessati ad unirvi agli Amici, scrivete a: The Secretary, The Friends of St Paul's, Chapter House, St Paul's Churchyard, London EC4M 8AD, Regno Unito.

In questa pagina
In alto: Membri della St Paul's Fire Watch
In basso: La regina madre con il Decano e il Capitolo

Pagina a fianco
La cupola di notte